中国健康政策与新医改研究丛书

编委会

湖北省学术著作出版专项资金资助项目
国家社会科学基金重大项目
中国健康政策与新医改研究丛书

丛书总主编◎方鹏骞

从医疗保险迈向健康保险

From Medical Insurance to Health Insurance

主　编　陈迎春　孙　菊
副主编　高红霞　崔　斌　张霄艳
编　者　（以姓氏笔画为序）
刘亚孔　华中科技大学
孙　菊　武汉大学
苏　岱　华中科技大学
李浩淼　武汉大学
张霄艳　湖北大学
陈江芸　南方医科大学
陈迎春　华中科技大学
高红霞　华中科技大学
常静胼　华中科技大学
崔　斌　北京大学

華中科技大學出版社
http://www.hustp.com
中国·武汉

图书在版编目(CIP)数据

从医疗保险迈向健康保险/陈迎春,孙菊主编. —武汉:华中科技大学出版社,2020.1
(中国健康政策与新医改研究丛书)
ISBN 978-7-5680-6104-9

Ⅰ. ①从… Ⅱ. ①陈… ②孙… Ⅲ. ①医疗保险-研究-中国 Ⅳ. ①F842.613

中国版本图书馆 CIP 数据核字(2020)第 101841 号

从医疗保险迈向健康保险
Cong Yiliao Baoxian Maixiang Jiankang Baoxian　　陈迎春 孙 菊 主编

策划编辑:余 雯
责任编辑:荣 静
封面设计:原色设计
责任校对:刘 竣
责任监印:周治超
出版发行:华中科技大学出版社(中国·武汉)　电话:(027)81321913
　　　　　武汉市东湖新技术开发区华工科技园　邮编:430223
录　　排:华中科技大学惠友文印中心
印　　刷:湖北新华印务有限公司
开　　本:710mm×1000mm 1/16
印　　张:16 插页:2
字　　数:198 千字
版　　次:2020 年 1 月第 1 版第 1 次印刷
定　　价:128.00 元

华中出版

本书若有印装质量问题,请向出版社营销中心调换
全国免费服务热线:400-6679-118 竭诚为您服务

内容提要

Summary

健康是人类的福祉，党的十九大报告明确提出实施健康中国战略。保险作为健康保障的核心筹资机制之一，在健康中国建设中发挥着极为重要的作用。从医疗保险迈向健康保险，是将健康领域的保险从以疾病治疗为主的风险分担转向以健康结果为目的的健康风险分担和健康维护、由被动的损失给付转变为主动的风险干预和战略购买、由对个体疾病的关注转变为关注全人群的健康。

本书立足于从医疗保险迈向健康保险的重要性与紧迫性，基于健康保险体系建设中的关键点，分析当前健康保险的制度环境和社会环境，结合理论与实践，探讨现状以及与实现健康保险之间存在的差距，剖析差距产生的原因，并结合我国国情，以维护健康为目标，提出从医疗保险迈向健康保险的具体路径。

本书可供各级卫生健康行政人员，各级各类医疗机构管理人员，疾病预防与公共卫生、卫生监督、妇幼保健等领域的工作人员，以及各类高校相关专业的专家学者和研究生等学习与参考。

总序

Introduction

健康是人民最具普遍意义的美好生活需要。作为从事健康政策研究的专业人员，我们的主要工作目标是完善国民健康政策，将健康融入经济社会政策制定的全过程，为人民群众提供全方位、全生命周期的健康服务。

人民健康是民族昌盛和国家富强的重要标志。习近平总书记在党的十九大报告提出要“实施健康中国战略”。推进健康中国建设，是全面建成小康社会、基本实现社会主义现代化的重要基础，是全面提升中华民族健康素质、实现人民健康与经济社会协调发展的国家战略。将健康中国升级成为国家战略，是国家治理理念与国家发展目标的升华。

当前，人民健康正面临着经济发展、社会环境、自然环境、行为方式等因素带来的多重挑战，重大传染病防控形势依旧严峻，新发传染病频发且防控难度加大，对国家卫生健康服务体系治理现代化与危机应对能力提出了更高的要求。健康政策在卫生事务管理中发挥着分配健康资源、规范健康行为、解决健康问题、促进健康事业发展的重要作用。近年来，国家陆续出台多项健康领域的法律法规及政策，落实预防为主的方针，统筹解决当前人民健康的突出问题，持续推进健康中国建设工作。

深化医药卫生体制改革（简称新医改），全面建立中国特色基本医疗卫生制度是实施健康中国战略的重要组成部分。新医改笃行致远，攸关民生，主要聚焦如下四个方面：一是建立分级诊疗制度，推进多种形式医联体建设，构建优质、高效的医疗卫生服务体系；二是健全现代医院管理制度，提高医院经营管理水平，加快建立符合行业特点的人事薪酬制度；三是建立符合国情的全民医保制度，深化支付方式改革；四是健全药品供应保障制度，提高药品的质量和可及性，减轻群众用药费用负担。新医改的最终目标是以人民健康为中心，坚持保基本、强基层、建机制，落实预防为主，推进医疗、医保、医药联动改革，推动医改落地见效、惠及人民群众。

“中国健康政策与新医改研究丛书”基于推进健康中国战略，对国家健康政策与新医改的重大理论与实践问题进行了思考与探索，并为我国医药卫生体制改革提出了一系列的政策转化与咨询建议。本套丛书涵盖七个健康领域，包括《中国健康政策改革趋势与评价》《从医疗保险迈向健康保险》《家庭医生签约药学服务清单研究》《公立医院绩效管理与薪酬设计》《中国健康老龄化的趋势与策略》《中国卫生法发展研究》《中国中医药政策与发展研究》。

中国健康政策与新医改的理论与应用是新时代面向医药卫生体制改革、医疗卫生服务体系建设、健康环境与产业，聚焦当前人民群众面临的主要健康问题和影响因素，以人民群众健康需求与结局为导向的重要研究领域。开展此领域的研究对于加速健康政策转化、促进全民健康覆盖、推进全面建成小康社会具有重要的理论创新和现实意义；同时，也是加强重大疾病防控，完善对重大传染病的监测、预警、应急响应，充分践行人民健康优先发展的战略思想，顺应国际趋势，履行国际承诺的要求。

本套丛书是在来自华中科技大学、武汉大学、北京大学、四川大学、中国政法大学、东南大学、中南财经政法大学、湖北大学、武汉科技大学、南方医科大学、温州医科大学、昆明医科大学、湖北中医药大学、广西中医药大学、安徽中医药大学等多所高校及相关研究机构的专家和学者的共同努力下完成的，并得到了湖北省预防医学会的支持。团队成员长期从事我国健康政策与管理的各领域研究与探索工作，承担了多项健康政策与管理领域的国家重大、重点研究项目，众多研究学术成果在国内居于领先水平，同时为我国医药卫生事业改革提供了具有社会影响力的政策建议。本套丛书正是基于团队成员前期丰硕的研究成果和坚实的研究基础，以健康中国战略为导向，系统地阐述了我国健康政策与管理、医药卫生体制改革的重大理论与实践问题，并提出了切实、可行的对策建议，对深化医药卫生体制改革、推动健康中国建设将起到积极的影响。

本套丛书内容系统，兼具时代性、创新性、实践性，适合所有对国家健康政策、医药卫生体制改革感兴趣的读者阅读，可作为各级卫生行政管理部门、医疗机构、医保管理机构、公共卫生机构等部门管理者的参考用书，也可作为高等院校、研究机构有关研究领域的教师、研究人员及研究生教学与学习的参考书。

前言

Preface

健康是人类的福祉。2005年世界卫生组织成员国承诺实现全民健康覆盖，提出为卫生系统筹资实现全民健康覆盖。2016年8月，习近平总书记在全国卫生与健康大会上强调没有全民健康就没有全面小康。党的十九大报告明确提出，实施健康中国战略，完善国民健康政策，为人民群众提供全方位全周期健康服务。中共中央、国务院颁布的《"健康中国2030"规划纲要》提出，把健康摆在优先发展的战略地位，将促进健康的理念融入公共政策制定、实施的全过程。健康中国建设成为国家发展战略，并成为政策制定、落实及改革推进的重要指导方针。

保险作为健康保障的核心筹资机制之一，在健康中国建设中发挥着极为重要的作用。保险的功能表现为通过分担疾病经济风险来防止因病致贫（返贫）的发生及促进社会的公平，通过有效的服务购买引导卫生资源的合理配置和有效利用。经过几十年的发展，我国已经建立起以基本医疗保险制度为核心的多层次医疗保障体系，95%以上的国民被基本医疗保险制度所覆盖，基本医疗保险的筹资水平、保障程度、支付效率、经办管理能力等得到提升，在保障居民基本医疗服务需求、减轻居民疾病经济负担方面发挥了巨大的作用，成绩斐然。社会的发展、健康中国的建设，对基本医疗保险制度的改革与发展提出更高的要求。从医疗保险迈向健康保险，是将健康领域的保险从以疾病治疗为主的风险分担转向以健康结果为目的的健康经济风险分担和健康维护、由被动的损失给付转变为主动的风险干预和战略购买、由对个体疾病的关注转变为关注全人群的健康。实现医疗保险向健康保险的转型，是医疗保险发展的方向。因此，研究如何将医疗保险功能由疾病经济风险的分担转向健康经济风险的分担、促进医疗保险向健康保险的转型发展、更有效维护居民健康具有重要的现实意义。

本书立足于从医疗保险迈向健康保险的重要性与紧迫性，基于健康保险体系建设中的关键点进行分析。首先，分析当前健康保险的制度环境和社会环境，阐述建立健康保险的必要性与可行性，引出健康保险的理念，界定健康保险的内涵与目标，以公平、效率、价值医疗、整合等为理论基础，初步提出健康保险的实现路径、要素与维度。然后，从健康保险的治理、筹资、购买和服务包设计四个方面，结合理论与实践，探讨现状与实现健康保险之间存在的差距，剖析差距产生的原因，并结合我国国情，以维护健康为目标，提出从医疗保险迈向健康保险的具体路径。最后，总结当前国内外医疗保险迈向健康保险的典型实践，总结经验与问题，并提出建议与展望。

从医疗保险迈向健康保险，路虽远行则将至。本书在来自华中科技大学、武汉大学、北京大学、湖北大学、南方医科大学的专家和学者共同努力下完成，书中难免仍有不足之处，恳请读者不吝赐教。

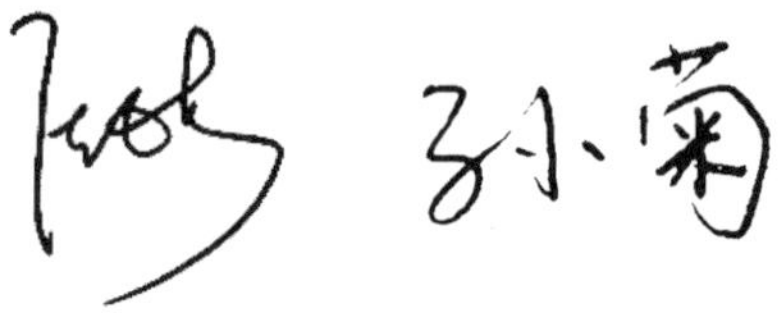

目录

Contents

CHAPTER 1

第一章

问题的提出

第一节
医疗保险制度发展的成就与挑战

经过几十年的发展，我国已经建立了以基本医疗保险（简称医保）制度为核心的多层次医疗保障体系，在保障居民基本医疗服务需求、减轻居民疾病经济负担方面发挥了巨大作用，成就显著，但在医疗保险机制建设、经办和监管能力、保障水平等方面仍然面临着一些问题和挑战，需要不断调整和完善。

一、基本医疗保险制度的发展历程

我国多层次医疗保障体系架构如表1-1所示，城乡居民医疗救助制度作为托底层，资助贫困人口参加基本医疗保险，并对贫困人口的医疗费用给予救助；基本医疗保险制度作为主体层，承担主要的医疗保障功能；城乡居民大病医疗保险制度和针对就业人群的各种补充医疗保险制度作为补充层，对参保人群的高额医疗费用给予补偿。基本医疗保险制度包括城镇职工基本医疗保险（简称职工医保）制度、城镇居民基本医疗保险（简称城居保）制度和新型农村合作医疗（简称新农合）制度。其中，城居保和新农合已于2016年起实施了制度整合，整合为城乡居民基本医疗保险（简称居民医保）制度。可见，我国基本医疗保险制度发展至今天，依然是与就业相关联的，职工医保覆盖城镇企事业单位职工，居民医保则覆盖城乡非就业人群。

表 1-1　我国多层次医疗保障体系架构

<table>
<tr><th>层级</th><th colspan="2">制度</th><th>建立时间</th><th>覆盖人群</th><th>资金来源</th></tr>
<tr><td>托底层</td><td colspan="2">城乡居民医疗救助制度</td><td>2003 年（农村医疗救助制度）
2005 年（城市医疗救助制度）
2015 年（制度整合：城乡居民医疗救助制度）</td><td>贫困人群、低收入人群、因病致贫人群</td><td>财政</td></tr>
<tr><td rowspan="2">主体层</td><td colspan="2">城镇职工基本医疗保险制度</td><td>1998 年</td><td>城镇企事业单位职工</td><td>企事业单位和个人</td></tr>
<tr><td colspan="2">城乡居民基本医疗保险制度</td><td>2003 年（新型农村合作医疗制度）
2007 年（城镇居民基本医疗保险制度）
2016 年（制度整合：城乡居民基本医疗保险制度）</td><td>城乡非就业人员</td><td>财政和个人</td></tr>
<tr><td rowspan="5">补充层</td><td colspan="2">城乡居民大病医疗保险制度</td><td>2012 年</td><td>城乡居民基本医疗保险参保人群</td><td>从城乡居民基本医疗保险基金中划拨</td></tr>
<tr><td rowspan="3">补充医疗保险制度</td><td>大额医疗费用补助</td><td rowspan="3">—</td><td rowspan="3">城镇职工基本医疗保险参保人群</td><td>个人和企事业单位</td></tr>
<tr><td>公务员医疗补助</td><td>财政</td></tr>
<tr><td>企业补充医疗保险</td><td>企业单位和个人</td></tr>
<tr><td colspan="2">商业医疗保险</td><td>—</td><td>自愿参保人群</td><td>个人</td></tr>
</table>

(一)城镇职工基本医疗保险制度

我国城镇职工医疗保险制度是于20世纪50年代初建立的,即为与就业相关联的公费医疗和劳保医疗制度。随着社会发展与市场化改革的不断深化,这两项制度的弊端逐渐显现,并严重制约了经济体制改革。为了更好地服务于经济体制改革,必须对社会保障制度进行社会化改革,由此医疗保险制度改革拉开序幕。

1993年11月14日,中共十四届三中全会通过《中共中央关于建立社会主义市场经济体制若干问题的决定》,指出要建立社会医疗保险制度。1994年,国家体改委、财政部、劳动部、卫生部共同制定了《关于职工医疗制度改革的试点意见》,在江苏省镇江市和江西省九江市进行医疗保险制度改革试点,俗称"两江试点"。在此基础上,1996年4月,国务院办公厅转发了国家体改委、财政部、劳动部、卫生部四部委《关于职工医疗保障制度改革扩大试点的意见》,1997年,试点城市扩大到58个。在总结各地医疗保险制度改革试点经验的基础上,1998年12月,国务院召开了全国医疗保险制度改革会议,颁布《关于建立城镇职工基本医疗保险制度的决定》,提出在全国范围内建立城镇职工基本医疗保险制度,覆盖城镇所有用人单位(包括企业、机关、事业单位、社会团体、民办非企业单位)及其职工,基本医疗保险费由用人单位和职工共同缴纳。用人单位缴费水平一般按照当地职工工资总额的6%左右确定,职工个人缴费水平一般为本人工资收入的2%。用人单位和职工个人缴费率可做相应调整。根据《关于建立城镇职工基本医疗保险制度的决定》,机关、事业单位都要参加基本医疗保险,此后,越来越多的省份取消了公费医疗制度,并将公务员纳入城镇职工基本医疗保险体系,公费医疗逐渐退出历史舞台。

2003 年 5 月劳动和社会保障部出台了《关于城镇灵活就业人员参加基本医疗保险的指导意见》,2004 年 5 月又出台了《关于推进混合所有制企业和非公有制经济组织从业人员参加医疗保险的意见》,将灵活就业人员、混合所有制企业和非公有制经济组织从业人员以及农村进城务工人员纳入城镇职工基本医疗保险范围。

经过多年发展,城镇职工基本医疗保险制度基本覆盖了全部就业人群,截至 2017 年末,全国参加城镇职工基本医疗保险的人数达到 3.23亿人,参保率稳定在 95%以上。

(二)城乡居民基本医疗保险制度

我国于 2003 年和 2007 年分别实施了针对农村居民的新型农村合作医疗制度和针对城市非就业居民的城镇居民基本医疗保险制度。

1. 新型农村合作医疗制度

与新型农村合作医疗(简称新农合)制度相对应的是传统的合作医疗制度,该制度早在新中国成立之前就在部分解放区出现,当时农民自发采用了医疗互助共济方式。新中国成立后,得益于集体经济的支持,传统合作医疗制度在农村地区发展良好,到 20 世纪 70 年代末覆盖了超过 80%的行政村,对解决农民的医疗问题起到了积极作用。但随着 20 世纪 80 年代农村地区推行家庭联产承包责任制,合作医疗制度失去了集体经济的资金支持而大面积解体。

2002 年 10 月,中共中央、国务院发布的《关于进一步加强农村卫生工作的决定》提出,在农村要逐步建立适应社会主义市场经济体制要求和农村经济发展水平,以大病统筹为主的新农合制度。2003 年 1 月,国务院办公厅转发了卫生部、财政部和农业部《关于建立新型农村合作医疗制度的意见》,要求从 2003 年起,各省、自治区、直辖市要选择2～3个县(市)先行试点，取得经验后逐步推开。新农合制度实行个人缴费、集体扶持和政府资助相结合的筹资机制。到2010年，实现在全国建立基本覆盖农村居民的新农合制度的目标。

从2003年起，经过了试点、推进、全覆盖、巩固提高、完善制度、强化管理等阶段，新农合制度尽管还存在着一些亟待解决的问题，但有效解决了农民的就医问题，从制度上覆盖了广大农村居民，为其提供基本医疗保障。到2016年，参加新农合的人口数量为2.75亿人，参合率高达99.36％。

2. 城镇居民基本医疗保险制度

在城市地区，城镇职工基本医疗保险制度保障就业人群，尤其是正规部门就业人群，使得非从业人群游离在医疗保险制度之外。鉴于此，我国从2004年下半年起开始探讨建立城镇居民基本医疗保险制度。许多城市也开始尝试各种形式的、针对不同人群的城镇居民基本医疗保险。2007年7月10日，国务院颁布了《关于开展城镇居民基本医疗保险试点的指导意见》，决定开展覆盖全体城镇非从业居民的基本医疗保险制度试点。城镇居民自愿缴费参保，同时政府给予适当补助。2009年《中共中央国务院关于深化医药卫生体制改革的意见》提出，2009年全面推行城镇居民基本医疗保险制度。到2016年末，我国参加城镇居民基本医疗保险的人数为4.49亿人。

3. 城乡居民基本医疗保险制度

2016年1月，国务院发布《关于整合城乡居民基本医疗保险制度的意见》，明确要求按照统一覆盖范围、统一筹资政策、统一保障待遇、统一医保目录、统一定点管理、统一基金管理，推进城镇居民基本医疗保险和新农合整合，逐步在全国范围内建立起统一的城乡居民基本医疗保险制度。目前总体进展良好，全国范围内已基本实现了制度整合。

但部分地区还没有完全实现全部的统一，主要表现在筹资标准和保障待遇上的差异，即存在一制多档设计。

二、基本医疗保险制度发展的成就

(一)基本实现了全民覆盖

基本医疗保险经过几十年的发展，三大基本医疗保险制度的人口覆盖面持续扩大，覆盖率持续提高，从2003年的1.09亿人，提高到2018年13.45亿人，参保率多年稳定在95%以上，基本实现了全民覆盖。2018年参加城镇职工基本医疗保险的有31681万人，其中在职职工23308万人，退休职工8373万人。参加城乡居民基本医疗保险的有89736万人，其中成年人、中小学生儿童、大学生分别为66286万人、21368万人、2082万人，分别占参保总人数的73.9%、23.8%、2.3%。仍实施新农合制度的有辽宁、吉林、安徽、海南、贵州、陕西、西藏7个省(自治区)，参保人口数量为1.3亿人。

(二)筹资机制有所完善，筹资水平不断提高

职工医保的资金来源于单位和个人按照工资一定比例的缴费，缴费比例分别为工资收入的6%左右和2%左右。该筹资机制考虑了经济发展水平的变化，随着经济增长，职工收入水平提高，筹资金额随之增加。2018年职工医保人均筹资已经达到4273.22元，职工医保基金收入13538亿元，比上年增长10.3%。其中，统筹基金收入8241亿元，比上年增长7.8%；个人账户收入5297亿元，比上年增长14.3%。

与职工医保的筹资方式不同，居民医保从制度实施之初就采用按人头定额筹资的方式，没有形成与社会经济发展、居民收入水平挂钩的筹资机制，这种状况一直持续至今。可喜的是，目前已有部分地区开始

探索更加科学的居民医保筹资机制，建立了与居民收入水平挂钩的筹资标准动态调整机制。

基本医保的筹资水平在持续提高，为提高基本医保的待遇水平提供了有力保障。新农合人均筹资水平从2003年的30元，提高到2017年的613.46元。2018年，居民医保人均筹资693元，比上年增加88元，增长14.5%。2018年，居民医保基金收入6971亿元，仍实施新农合制度的辽宁、吉林、安徽、海南、贵州、陕西、西藏7个省(自治区)，基金收入875亿元。

(三)保障范围有所扩大，医保政策范围内补偿水平稳步提高

近年来基本医疗保障范围有所扩大，一是基本医保已经逐步转换成门诊统筹与住院统筹相结合的模式，提高了普通门诊费用的保障水平。居民医保制度取消了原有的新农合家庭账户，从统筹基金中划拨建立门诊统筹基金，对城乡居民的普通门诊实施门诊统筹。部分地区的职工医保也在积极探索实施门诊统筹。

二是医保药品目录扩大，药品保障力度得到提升。我国基本医保药品目录已经颁布五版，分别是2000年版、2004年版、2009年版、2017年版和2019年版。其中，2017年版共收载药品2535个，较2009年版目录增加了339个，增幅约为15.4%；2019年版的常规准入部分共2643个药品。药品目录进一步扩大，目录调整时间间隔缩短，居民的药物可及性将大幅提高。此外，针对我国癌症发病率、死亡率逐年上升，给家庭和社会造成重大经济负担的情况，医保部门在2018年通过谈判将17种临床必需、疗效确切、参保人员需求迫切的药品纳入医保药品目录，并且降价幅度平均达到56.7%。

医保政策范围内的补偿水平稳步提升。2018年，职工医保政策范

围内住院费用基金支付比例为81.6%，其中统筹基金支付79.7%，比上年提高0.4个百分点；实际住院费用基金支付71.8%，其中统筹基金支付70.1%，比上年提高0.2个百分点；个人负担28.2%。居民医保政策范围内住院费用基金支付65.6%，实际住院费用基金支付56.1%，比上年提高0.1个百分点；个人负担比例为43.9%，比上年降低0.1个百分点。有效防范了患者“因病致贫、因病返贫”。

2018年职工医保参加人员享受待遇19.8亿人次，比上年增长9.0%，增幅提高3.0个百分点。其中，普通门急诊17.1亿人次，比上年增长8.8%；门诊慢特病2.1亿人次，比上年增长12.7%；住院0.6亿人次，比上年增长6.7%；居民医保参加人员共享受待遇16.2亿人次，比上年增长8.4%。居民医保人均享受门诊待遇1.7次，与上年基本持平。人民群众对基本医疗保险的满意度持续提升，基本医疗保险的社会保障作用日益凸显。

（四）医疗保险管理服务水平不断提高

随着医疗保险制度的不断发展和完善，医疗保险管理服务水平也不断提高，主要表现在以下几个方面。一是计划经济时期劳保医疗制度的单位制管理模式转变为面向企业、面向参保人员的医疗保险管理体制。二是各地普遍建立了医疗保险经办机构，充实了经办管理人员。三是医疗保险管理信息系统日益健全，定点医疗机构管理日益完善，即时结算、一站式结算、就诊一卡通等信息化方式随着信息系统的发展逐渐覆盖越来越多地区。社会保障卡功能日益完善，覆盖范围日益扩大，持卡就医、结算成为主流。四是各地都在积极探索医疗保险经办资源整合，探索建立城乡一体化的基本医疗保险管理体制，积极尝试委托商业保险公司经办医疗保险业务的模式，提高管理效率。五是社会普遍关注流动人口的就医问题，大力推进医疗保险异地就医结算措施。

三、医疗保险制度发展面临的问题与挑战

（一）医疗保险保障水平不充分不平衡的问题依然突出

现阶段，基本医疗保险制度的参保率稳定在95%以上，覆盖人口超过13亿人，但还未真正实现“全民健康覆盖”，最突出的问题就是保障水平不充分不平衡。基本医疗保险政策范围内住院医疗费用基金支付比例已达到2009年新医改的目标，即将城镇职工基本医疗保险、城镇居民基本医疗保险最高支付限额分别提高到当地职工年平均工资和居民可支配收入的6倍左右，新农合最高支付限额提高到当地农民人均纯收入的6倍以上。但患者实际自付比例仍然较高，且不同医疗保险制度的保障水平之间的差异较大。2018年城镇职工基本医疗保险与城乡居民基本医疗保险个人自付比例分别高达28.2%与43.9%，两者之间相差15.7个百分点。同时，门诊慢性病、重大疾病等政策范围外的疾病医疗费用较高，实际报销比例较低，还需完善大病保险、大病补充保险等相关政策，提高报销比例。此外，贫困人口、失能人群等特殊群体的报销水平也需要重点考虑，要在当前“精准扶贫”政策环境下重点推进“健康扶贫”，切实减轻人民群众由疾病带来的经济负担。

（二）医疗保险经办服务能力不足

随着基本医疗保险覆盖范围不断扩大，保障水平不断提高，各项基本医疗保险制度经办能力并未随之快速提高，经办机构特别是基层经办机构经办能力明显不足。首先，医疗保险经办机构属于参公管理体制，在资源配置和经费来源等方面缺乏灵活性，导致经办机构的主动性

与积极性不足。其次，经办人员数量严重不足。参保人口数量超过13亿人，但政府全额拨款的社保经办机构约7700个，工作人员17万人，与参保人员比例约为1∶7700，经办机构不堪重负，直接影响到医疗保险制度的运行效率和服务质量。最后，随着医疗保险治理模式和治理机制的变革，医疗保险经办人员专业化水平面临挑战。医疗保险支付将从原来的医疗费用补偿逐步演变为战略性购买，对医疗服务供方的监督管理也从医院管理逐步延伸至医师管理，特别是2018年国家组建医疗保障局，医疗保险经办业务范围明显扩大。这些变化趋势对经办人员的专业化水平提出了更高的要求。

（三）健康信息基础设施建设不健全

随着科学技术的不断发展，将信息技术应用到医疗保险管理是社会发展的必然要求，也是有效增强医疗保险经办能力的重要方式。但我国目前的医疗保险管理从信息系统建设到应用、管理，均未实现信息技术的有效利用。2016年，中共中央办公厅、国务院办公厅转发了《国务院深化医药卫生体制改革领导小组关于进一步推广深化医药卫生体制改革经验的若干意见》，指出要构建互通共享、业务协同的国家、省、市、县四级人口健康信息平台，完善以居民电子健康档案、电子病历、电子处方等为核心的基础数据库，打通各类医疗卫生机构数据资源共享通道，健全基于互联网、大数据技术的分级诊疗信息系统，为实现连续、协同、整合的医疗卫生服务提供技术支撑。因此医疗保险与各级各类医疗卫生机构之间需要实现实时信息的互联、互通、互识，向智能医疗保险服务体系转变，实现医疗保险经办管理“互联网化”。

（四）医疗保险发展不均衡

2016年，国务院发布的《关于整合城乡居民基本医疗保险制度的意见》指出，要逐步在全国范围内建立统一的城乡居民基本医疗保险制度，实现覆盖范围、筹资政策、保障待遇、医保目录、定点管理、基金管理等“六统一”。但实际上医疗保险的城乡发展不均衡的问题依然严重。此外，医疗保险发展的不均衡性还表现在不同地区之间的不均衡，社会经济发达地区的医疗保险不管是筹资水平还是补偿水平都明显高于欠发达地区。

（五）医疗保险基金面临巨大压力

医疗费用的快速增长给医疗保险基金带来巨大压力，其中一个很重要的因素就是人口老龄化和高龄化。人口老龄化和高龄化已经成为我国的一个基本国情。根据联合国2013年的预测，我国拥有全球最大的高龄老年人群体，我国60岁及以上老年人占比将从2010年的12.4%（1.68亿人）增长到2040年的28%（4.02亿人），而医疗费用支出与年龄间存在密切关系。第五次国家卫生服务调查资料显示，2013年我国65岁及以上老年人口住院率为平均人口住院率的2.21倍，2003—2013年，65岁及以上老年人口住院率由5.8%升至18.0%。研究显示，60岁及以上年龄组人均医疗费用为60岁以下年龄组的4.65倍，45岁及以上年龄组人均医疗费用为45岁以下年龄组的5.36倍，人口结构老化每提升一个百分点将使医疗保险基金面临成倍风险。合并技术进步及其他因素，医疗费用依然在快速增长，2009—2014年，全国住院患者次均费用从5951.80元增长到8290.50元，人均个人住院现金支出持续增加。过快增长的医疗费用不仅给医疗保险基金带来巨大支付压力，还部分抵消了基本医疗保险制度的建设效果，加重了个人疾病经济负担。

第二节 建立健康保险制度的生态分析

一、健康中国战略营造了建立健康保险制度的政治氛围

健康不仅是个人生活、家庭幸福的基础，还是国家与民族富强、和谐的重要保障，是实现中国梦的基石。建立健康保险制度以促进居民健康成为我国实现可持续发展制度设计的重中之重。党和政府对健康的高度重视，为健康保险的发展提供了良好的政治环境。新中国成立以来，党和政府一直关注人民群众的健康状况，把健康看成提高人民生活质量的重要标志、经济可持续发展的重要保障。近年来，在习近平总书记的领导下，党和政府把健康问题上升到新的高度，把人民健康放在优先发展的战略地位，十九大报告明确提出实施健康中国战略，完善国民健康政策，为人民群众提供全方位全周期健康服务。2016 年 8 月，党中央、国务院召开了全国卫生与健康大会，习近平总书记发表重要讲话，再次强调没有全民健康就没有全面小康。随后，中共中央、国务院颁布《“健康中国 2030”规划纲要》，提出要把人民健康摆在优先发展的战略地位，将促进健康的理念融入公共政策制定、实施的全过程。到 2030 年，促进健康的制度体系更加完善，有利于健康的政策法律法规体系进一步健全，健康领域治理体系和治理能力基本实现现代化。满足人们对于健康的新期盼，推进健康中国建设已经成为习近平总书记治国理政的重大战略，也是党和国家实现全面建成小康社会目标的重大方针。党和政府对人民健康目标的表述见表 1-2。

表 1-2　党和政府对人民健康目标的表述

时间	会议或文件	对人民健康目标的表述
1997 年	《关于卫生改革与发展的决定》	人人享有卫生保健，全民族健康素质的不断提高，是社会主义现代化建设的重要目标，是人民生活质量改善的重要标志，是社会主义精神文明建设的重要内容，是经济和社会可持续发展的重要保障
2007 年	十七大报告	健康是人全面发展的基础，关系千家万户幸福
2009 年	《中共中央国务院关于深化医药卫生体制改革的意见》	医药卫生事业是重大民生问题。发展卫生事业是贯彻落实科学发展观、促进经济社会全面协调可持续发展的必然要求，是维护社会公平正义、提高人民生活质量的重要举措，是全面建设小康社会和构建社会主义和谐社会的一项重大任务
2012 年	十八大报告	健康是促进人的全面发展的必然要求
2016 年	全国卫生与健康大会	没有全民健康，就没有全面小康。要把人民健康放在优先发展的战略地位。健康是促进人的全面发展的必然要求，是经济社会发展的基础条件，是民族昌盛和国家富强的重要标志。把保障人民健康同争取民族独立、人民解放的事业紧紧联系在一起
2016 年	《"健康中国 2030"规划纲要》	健康是促进人的全面发展的必然要求，是经济社会发展的基础条件。实现国民健康长寿，是国家富强、民族振兴的重要标志。推进健康中国建设，是全面建成小康社会、基本实现社会主义现代化的重要基础。全民健康是建设健康中国的根本目的
2017 年	十九大报告	实施健康中国战略。人民健康是民族昌盛和国家富强的重要标志。为人民群众提供全方位全周期健康服务

二、医学模式的转变、人口老龄化与疾病谱变化需要医疗保险制度做出回应

(一)医学模式的转变

健康不仅指一个人没有疾病或虚弱现象,而且指一个人在生理上、心理上和社会上处于完好状态。医学模式已由“纯生物性”向“生物-心理-社会”模式转变,对于健康,人们不仅关注疾病的治疗,而且关注健康的生活方式以促进自己不生病或少生病。随着生活方式和健康理念的转变,医学模式不再是单一的疾病治疗,而是对整个健康生命周期的健康状况进行管理。在这种医学模式之下,保险行业也应该随之发生变化,改变当前只关注疾病治疗的现状,建立起一体化的,集疾病的预防、治疗、康复为一体的健康保险制度。

(二)人口老龄化与高龄化

人口老龄化是20世纪以来非常重要的人口变化趋势之一,根据2016年WHO《关于老龄化与健康的全球报告》,2015—2050年间,全世界60岁及以上老年人口将从9亿增加到20亿,在人口总数中占比将从12%升至22%。中国的人口老龄化进程要远远高于世界平均水平。根据联合国2013年的预测,我国60岁及以上老年人口占比将从2010年的12.4%(1.68亿人)增长到2040年的28%(4.02亿人)。我国不仅老年人口基数大,而且高龄化问题突出。2013年全国80岁及以上老年人口为2098万人,预计到2050年,80岁及以上老年人口将增长3倍多,高达9040万人,成为全球最大的高龄老年人群体。

由于慢性病或与年龄相关的躯体损伤,预期寿命和健康预期寿命之间的差距随着年龄增长逐步扩大,这意味着依赖照料的老年人口规

模将会持续扩大。根据第四次中国城乡老年人生活状况抽样调查，失能、半失能老年人总数达4063万人，占全部老年人口的18.3%。因此，随着人口老龄化和高龄化程度的不断加深，社会对医疗、护理等方面的健康保障需求将持续增加。但当前的医疗保险制度的保障范围仅局限在医疗服务范围内，显然已经不能满足现实需求，医疗保险制度需要对人口老龄化做出适当回应。

（三）慢性病成为主要疾病负担

人口老龄化程度的加剧、医疗技术的改进，以及居民生活水平的提高和生活方式的改变，使我国居民疾病谱从传染性疾病转为慢性病。根据《2016中国卫生和计划生育统计年鉴》，2003年、2008年、2013年慢性病患病率分别为123.3‰、157.4‰和245.2‰，高血压、糖尿病这两种慢性病患病率从2003年到2013年年均都增长了近1倍，每千人患病天数增加1.05倍。根据全球疾病负担数据，2016年我国恶性肿瘤、脑血管病、冠心病、糖尿病和慢性呼吸系统疾病的早死概率分别为8.76%、3.68%、3.52%、0.43%、3.37%。

慢性病治疗周期较长，且基本不能治愈，长期检查与治疗的医疗费用以及由于慢性病造成的失能等间接的损失对慢性病患者来说是沉重的负担，对于收入水平较低的家庭来说，更容易造成“因病致贫、因病返贫”。与此同时，以糖尿病为代表的慢性病呈现年轻化趋势，严重影响居民的生活质量和身体健康，因此以疾病的预防与康复为重点的健康管理刻不容缓。

三、经济增长为建立健康保险制度提供有力的经济保障

实施健康保险制度，既需要转变当前医疗保险的发展理念，重点转

变保障范围和支付制度的设计思路，又需要健康服务体系有良好的发展基础。但这些都需要强大的经济基础作为后盾。1978 年经济体制改革以来，我国在经济建设上取得了举世瞩目的成就，实现了经济飞速发展，已经跃居为世界第二大经济体，成为世界上经济发展速度最快的国家。2018 年，我国 GDP 是 91.93 万亿元。高速的经济发展为我国财政收入的不断增加奠定了基础。2018 年的财政收入高达 183351.84亿元，这为建立健康保险制度提供了有力保障。

事实上，随着经济发展水平的提高，医疗保险的筹资水平在不断提高，新农合和城镇居民基本医疗保险财政补助标准从 2013 年的每人每年 280 元提高到 2018 年的 490 元，国家对卫生服务体系的投入也在持续增长。“十二五”时期，全国财政医疗卫生累计支出 46499 亿元，是“十一五”时期的 2.7 倍，年均增幅 17.3%，比同期全国财政支出增幅(14.4%)高 2.9 个百分点。《2018 年我国卫生健康事业发展统计公报》显示，2018 年全国卫生总费用预计达 57998.3 亿元，占 GDP 的 6.4%，人均卫生总费用 4148.1 元。卫生服务能力不断提高，每千人口卫生技术人员呈现增长趋势，2018 年，每千人口卫生技术人员数、执业(助理)医师数、注册护士数分别为 6.82 人、2.59 人、2.94 人，相比 2000 年的每千人口卫生技术人员数(3.63 人)、执业(助理)医师数(1.68 人)、注册护士数(1.02 人)有大幅增长。2018 年每万人全科医生数为 2.22 人，比 2012 年的 0.81 人大幅增加。2018 年我国每千人口医疗卫生机构床位数为 6.03 张，与 2002 年的 2.49 张相比大幅增加。

四、互联网+医疗技术为疾病预防、治疗、康复融为一体的保险服务提供技术支撑

互联网+医疗技术有利于实现预防、治疗、康复和居民健康管理的

一体化。就疾病预防来说,互联网+医疗技术的发展,如智能手环等可穿戴便携设备可以将各项身体指标数据化,可以使患者密切监测自身状况,随时随地进行自我健康管理,及时预防,把握最佳治疗时间。在康复阶段,患者可以利用电子医疗设备和相应软件与医生实现无障碍沟通,并且可以通过相关软件对自身健康状况实现评估与自身行为监控。例如,为高血压患者开发出可随时测量血压的手机应用程序(App),患者不仅可以用手机控制血压仪,还可将检测结果上传分享给亲友或家庭医生。同时该App还可为患者提供运动指导、饮食指导、用药指导等个性化指导建议。对医疗服务提供体系来说,利用互联网+医疗技术,如远程会诊、远程阅片等,不仅可以解决基层卫生服务能力不足的问题,还可以促进各层级医疗卫生机构的沟通与协作,实现各层级医疗卫生机构的联合,为患者提供一体化服务。

互联网+医疗技术的发展为疾病预防、治疗、康复融为一体提供了技术支撑,但是医疗技术的适宜性与可负担性等问题使医疗费用不断增加,导致医疗领域的不公平加大。因此,需要建立良好的健康保障制度,以促进医疗技术的合理使用及医疗领域的公平性。

五、健康管理推动了健康保险的发展

随着疾病谱的变化,保险机构迫于医疗保险赔付的巨大压力,需要控制医疗费用开支,希望通过为客户提供健康管理的做法,控制疾病的发生或发展,最终达到降低出险概率和减少实际医疗费用支出的目的。20世纪50年代,健康管理(managed care)作为一门学科在美国兴起,提倡对个人或群体的健康危险因素进行全面管理,强调建立整体的健康观,通过有效调动个人、家庭、国家、社会等多方力量,通过全周期健康覆盖,有效利用有限的资源,达到最佳的健康效果。健康管理对慢性

病防治等具有重要的意义，其核心内容很快被运用到健康保险之中。在实践中，美国医疗保险机构通过对客户（包括疾病患者或高危人群）开展系统的健康管理，显著降低了出险概率和减少了实际医疗费用支出，减少了医疗保险赔付。随着健康保险的不断发展，参与健康管理的主体也不断丰富，一些专业健康管理公司作为第三方服务机构，向社会提供健康管理服务。

健康管理将健康保险推向了新的领域和阶段，21 世纪是健康管理的世纪。由于它具有减少医疗费用支出、降低慢性病患者住院率、控制健康危险因素以及高回报等特征，因此在健康管理理念支撑下，医疗保险需要走向健康保险，整合公共卫生服务与医疗服务体系，减少不必要的医疗服务；同时应考虑个人健康行为干预、健康恢复等，完善健康保险的筹资、支付和补偿机制，形成系统的健康保险治理系统。

综上所述，我国为健康保险制度的建立创造了良好的政治环境并提供了良好的经济基础和技术支持。在人口老龄化和慢性病越发严重的情况下，建立健康保险制度是对居民健康保障需求的良好回应。

第三节 从医疗保险到健康保险的理念升级

健康是人类的共同追求，但健康风险往往不期而至。特别是当前，个体因素、医疗因素、生活习惯、环境因素等加大了健康风险。健康及其相关问题已经超越个体、医学层面，上升到社会、政治甚至价值观层面。健康保险是通过个体之间健康经济风险的转移，减轻个体疾病负担，达到获取更大的健康恢复机会、有效应对健康风险的目的。从政治视角看，健康保险是国家保障公民基本人权、建设稳定社会的有效公共政策工具。健康权与生存权一样，都是重要的基本人权，国家运转中需要维护公民与国家的稳定政治关系。健康保险制度的实施将强力保障和维护公民的健康权。“健康全覆盖”已成为《“健康中国2030”规划纲要》和“十三五”期间的思想主导。从人力资源视角看，健康保险制度与人力资源的可持续发展直接相关。通过预防服务的提供，可有效降低人力资源的疾病风险，保持公民的良好健康状态，以有效进行劳动投入，推动社会发展。从经济视角看，健康保险的发展将减轻个人健康的经济负担与经济约束，促进健康消费市场的繁荣，直接影响国民经济的增长。从社会视角看，健康是社会的“最适当状态”。

一、由关注疾病治疗风险转为全生命周期的健康观

医疗保险或疾病保险的目标主要是分担患者或特定疾病的经济风险，重点关注疾病治疗及其产生的医疗费用，具有重住院、轻门诊，加剧了医疗和疾病防控之间的割裂，长期护理和家庭健康服务保险覆盖不充分等特征。这些都与老龄化、疾病谱变化的趋势要求不相适应。

（一）健康资源的跨期配置

人既有积累的“现有财富”，也有隐藏的“潜在财富”。潜在财富指个体可能为他人创造财富的能力，这是个体作为经济力量可能存在的货币价值。因此，个体的生命价值不仅是累积财富，也要为他人和社会创造财富。由于个体面临着未老身故、丧失工作能力、健康受损等风险，所以个人的生命价值有受损的可能。疾病及其他健康风险会给人的生命价值带来危害，是影响生命价值延续，特别是潜在价值的重要因素。如何注重对生命价值的保护？生命价值是无限的，有限的医疗资源和财政资金如何进行分配，才能更好地满足人民群众对健康的期盼？

这些都是当今世界各国面临的共同难题。

(二)健康保险是对全生命周期健康资源的跨期配置

全生命周期的健康资源需要跨期配置,以实现可持续的健康价值。通过跨期配置,健康资源与健康风险损失相当。从方式上看,有向后配置方式,如现有财富购买健康保险等;也有通过其他途径向前配置的方式,如疾病的预防与健康教育投资等。通过跨期配置,确保个体或组织在健康风险发生时,不会因为医疗费用支出导致经济困难,能够及时获得所需服务。对于那些处于生命早期的孩童、处于生命晚期的老年人,或者既有累积财富不足以支付健康资源配置的个体,必须有能够提供支持的主体。这个主体除传统的家庭外,还有政府。

第一,健康资源的跨期配置是对健康风险损失的提早预防。健康保险通过风险分担和费用转移手段,实现最有效的全生命周期财富保障。

第二,从健康资源配置角度来看,主动性的、早期的健康资源配置将降低医治成本、减少健康花费。相反,早期的防范性健康资源分配过少,未来疾病导致的医疗费用支出将更多。"早预防、早诊断、早治疗"符合健康资源跨期配置的理念。

第三,从生命价值损害角度来看,早期的健康损害可能是单纯的个人和家庭经济财富消耗、生活质量降低,到中后期健康损害将扩展到对家庭劳动能力、生活能力的损害,以及扩展为对社会财富创造能力的损耗。

(三)全生命周期健康保险的理念变化

在全生命周期的健康观中,健康保险制度需要建立完整、协调的健康生态系统,健康保险的干预目标不是单一的个体或某种因素,而是整个健康生态环境以及这个生态环境中的每一个相互关联的环节，是一个整体。健康保险需要遵循整体的健康管理观念，一个人出生时的预防保健、长大后的健康行为与教育、年老后的健康维护等都是健康保险需要设计和思考的内容。因此健康保险更关注整体、全生命周期的健康观，健康保险的覆盖需要从疾病补偿扩展到健康教育、健康促进、预防保健、健康维持等领域，甚至延伸到精神疾病、社会功能健康等内容，形成关于健康的整体服务系统。

二、由被动的损失给付转变为主动的风险干预

（一）公共卫生同样具有健康风险治理功能

存在于自然和社会生活的个体，都不可避免地陷入健康的损害性关系状态，我们称之为健康风险（health risk）。健康风险因素，有个体和医疗因素（如遗传、职业和医疗服务水平等），也有非个体因素（如环境和风俗习惯等）。一个人从健康到健康危机、前期疾病发生、疾病痊愈或者死亡，其间受到多种要素影响。如果忽视其中某些要素，就会导致健康风险因素的潜伏。无论是医疗保险还是疾病保险，都是事后的损失赔偿，是被动的反应，对从根本上控制健康风险的作用有限。

健康保险理念倡导发挥公共卫生的健康风险治理功能，强调提高社会预防健康风险的能力。因此需要协同医疗保险基金与公共卫生投入，通过健康教育和健康行为干预改变人们的健康认知和行为，以减少甚至消除潜在的健康风险因素，这是健康保险突破原有保险制度限制的重要内容。在健康保险理念下，应将健康教育、健康行为干预等纳入保险内容。事实证明，健康教育和健康行为干预可以降低健康风险，公共卫生与预防能有效降低疾病的发生概率，通过这些事前预防，即使无

法完全避免健康风险，也能降低疾病的严重程度，从而节约卫生资源，达到保障健康、防控疾病、减少费用的目的。

（二）健康保险需要提升健康服务的整合意识

老龄化、疾病谱变化将导致疾病费用负担激增，医疗保险具有的个体健康经济风险转移功能将逐步降低，影响医疗保险的可持续发展。健康保险需要通过整合，改变服务供给方式和提高资金使用效率。为此，既需要在医疗保险体系进行内部的资金、服务、信息、机构的整合，也需要体系之间的整合，如基本医疗和公共卫生体系、健康保险体系和服务供给体系的整合等。通过全科医生、家庭医生、医联体内利益分配，医疗保险资金的支付等，积极发挥预防保健在健康风险中的治理功能。

（三）健康保险突出居民的自我健康意识

健康保险强调需方的自我管理，通过健康教育，使需方获取健康知识、构建健康理念、形成健康行为。与医疗保险相比，它突出了居民的健康主体意识，也更加强调管理与服务方的工作重心不再局限于医疗服务项目是否合理等传统思想上，而是如何更多地促进居民进行健康的自我管理。

三、由个体健康关注转为人群健康关注

（一）“大健康”理念下全民健康覆盖的外延在扩大

健康保障体系的健全与发展是社会事业发展的重要标志之一。全民健康覆盖包括服务覆盖、人口覆盖和费用覆盖三个维度。人口覆盖的直接含义为健康保险制度的人口覆盖率为100%，不遗漏任何一人。随着“大健康”理念的广泛推广，全民健康覆盖的内涵与外延不断扩大，保险的发展模式向“以健康为中心”转变。表现在人口覆盖上，健康保

险将扩大人群覆盖面，不仅将发生了疾病有治疗需求的人群纳入覆盖范围，以挽救疾病损失、促进疾病治愈，还将纳入有疾病治疗前的预防、疾病治疗后的康复与护理等服务需求的人群。全人群的健康关注也被提上议程，是一种真正的全生命周期的保险。

（二）人群健康关注的服务模式

一些新的以人群健康关注为特征的服务模式被探索和实践，如体医结合、慢性病管理模式的转变、家庭医生服务等，首先将那些慢性病人群、高危人群纳入社区机构和家庭医生的健康干预与指导范围。除健康服务机构外，教育、市政管理、福利事业等都将围绕如何关注人群健康，进行工作设计和工作开展。

正是由于健康保险的覆盖面扩大，保险的治理机制将更加复杂与开放，社会力量、公益组织、商业保险机构等将竞相参与健康保险。健康保险供给内容关注人的生命全程，致力于减少人的疾病发生，抑制疾病恶化，促进群体健康，保障人的生命质量，真正实现全民健康。

四、服务供给由医疗机构拓展至更多健康相关部门

在医疗保险中，主要由医疗机构提供服务，医疗保险部门通过支付方式的改革与调整，对机构和患者进行支付和补偿。在健康保险理念下，服务体系强调多部门协作、覆盖全生命和医防融合，出现多元化特征。除公立医疗机构之外，私立医疗部门、药品供应部门、医养结合机构、养老与护理机构、公共卫生机构等也将纳入服务主体，在健康服务和管理中分工协作，共同致力于健康保险服务供给。其供给内容涉及与人的健康相关的预防、控制、治疗、康复保健、长期护理和临终关怀等服务，强调医疗与预防相融合。

健康保险服务机构的多元化对服务的协同性要求提高，医疗服务体系之间，医疗服务与公共卫生服务之间，以及各层级医疗机构之间需围绕共同的经济与效率目标进行协商和健康价值共创。健康管理部门将在健康保险中发挥重要的守门作用，基层健康服务机构、家庭签约医生等的作用将更加突出。

参考文献

[1] 高玮."互联网+"模式下我国医疗服务体系建设研究[D].天津:天津大学,2016.

[2] 顾雪非,赵斌,刘小青.全民医疗保障体系:成就、形势与展望[J].中国发展观察,2019(6):5-7,20.

[3] 孙洁.商保经办基本医保需强化专业化水平[J].中国医疗保险,2016(6):23-24.

[4] 王治军,王沁.健康保险概念辨析与理论综述[J].中国卫生政策研究,2016,9(8):55-60.

[5] 吴传俭.社会医疗保险吉芬商品属性与多层次保险体系探讨[J].中国卫生经济,2016,35(9):35-38.

[6] 中国医疗保险研究会.中国医疗保险理论研究与实践创新(2013年卷)[M].北京:化学工业出版社,2014.

[7] 周玉萍.中国健康保险制度研究[D].武汉:武汉大学,2013.

（孙菊　高红霞　陈迎春）

CHAPTER 2

第二章

健康保险的内涵与框架

健康是人类发展的基础，是一切经济发展和社会活动的前提和保证。从医疗保险到健康保险，以及未来向健康保障的转型，不仅是健康风险分担的需要，也是健康主体围绕价值目标进行价值共创的过程。传统医疗保险的机制与健康保险的设计理念存在差距，而从医疗保障来看，尽管当前中国的医疗保障体系架构清晰，但碎片化特征也比较明显，存在基本医疗服务和基本公共卫生服务供给脱节的问题。在当前医药卫生体制改革过程中，国家的诸多政策也在逐渐引导两类服务的整合与协调。因此，健康保险目标的实现需要突破原有的框架，构建适宜的治理机制、筹资机制、支付和补偿机制。

第一节 健康保险的内涵

从字面上看，健康保险与医疗保险、医疗保障等概念之间只存在微小差异，但其涵盖的内容却是不同的。健康保险突出了完整的健康管理理念，是现阶段以人为本、全生命周期的健康服务与健康价值目标的综合、系统体现。

一、健康保险的界定

健康保险是以完整健康观和健康管理为基础，利用保险机制，将疾病与治疗、康复与保健、护理等可能给个人带来经济损失的风险转移到全体投保人的一系列制度安排的总和。它关注全生命周期的健康因素，倡导不同的健康机构在健康服务与管理环节的分工与整合，将原本被动的、危险发生后的经济补偿，转变为积极的、防止被保险人疾病和事故的发生，实现预防保健和医疗保险相结合。在具体内容上，健康保险制度不仅涉及医疗费用的补偿和支付，还包括医疗服务的提供与保障、预防医疗保障等一系列制度安排。

二、相关概念辨析

健康标志着社会发展、物质文化和精神文化建设的发达程度。1978年《阿拉木图宣言》将健康和达到更高的健康水平作为全世界范围的社会性目标。每个人都会不同程度地遭遇健康风险，包括疾病风险、意外伤害风险等。研究数据表明，在美国人的生命过程中，37%的女性和42%的男性会罹患至少一种癌症。在个体应对各类健康风险时，疾病带来的经济压力、健康照顾问题等纷至沓来。重大疾病风险损害是导致农村贫穷的关键。2017年，我国健康扶贫三年攻坚工作大会公布的结果表明，因病致贫、返贫户为388.2万户。如何提供有效的途径和渠道，促进社会成员健康是国家和社会的重要职责。

健康保险作为处置健康风险、转移健康损失和改善医疗费用支付能力的重要手段，在我国已有比较长的历史，走过了从“个人自保”到“向部分群众供给”，再到“向全部人群供给”，以及当前政府及市场“公私合营”供给产品及服务的过程。从新中国成立至今，我国理论界和实务界围绕医疗保险、健康保险等进行了一系列探索与实践，但概念的使用仍不够规范，仍存在不同程度的混淆。

（一）四个概念的具体区分

1. 医疗保险

在医疗保险、医疗保障、健康保险、健康保障四个概念中，医疗保险概念在我国的使用相对最广泛。从字面上看，该概念着重于发生医疗服务利用后的补偿。医疗保险是解决医疗风险的一类制度安排，重点强调被保险人的医疗服务费用支付。医疗保险由个体、雇主或政府共同筹资，按照有关法律规定，针对早先确定的目录范围内的费用，包括诊疗费用和住院费用等，进行经济补偿，提供保险产品和服务。

由此可见，医疗保险概念中突出了风险分担和经济补偿特征，即将集中在个人的疾病风险损失分摊给全体医疗保险成员，聚集的保险基金可弥补疾病风险损失。1998 年，我国卫生领域定义了医疗保险，突出主要由政府经营、是国家基本保险的概念，人们习惯用社会医疗保险或社会基本医疗保险来表示。

2. 医疗保障

医疗保障是一个国家或地区为解决国民治疗疾病、预防疾病问题所建立的，围绕资金筹集和医疗及保健服务提供两个方面的一系列制度安排。在整个社会保障制度中，医疗保障的历史最为悠久，最早可追溯到英国在 17 世纪初建立的针对贫困人群以医疗救助为主要内容的医疗保障制度。根据所提供的保障内容不同，医疗保障制度分为基本医疗保障制度和补充性医疗保障制度。前者是指针对一个国家或地区人口的大多数，满足人们基本的、公共的医疗保障需求的主体性制度安排；后者则是针对特殊人群的特殊医疗保障需求的一种补充性制度安排，如一部分收入较高人群或健康保障需求超出基本医疗保障之外的人群。中国医疗保障体系历经漫长、艰辛的改革，建成了以社会医疗保险为主，医疗救助、公费医疗和商业健康保险为辅的制度架构。与医疗保险概念相似，医疗保障也突出了医疗服务利用后由国家、社会和市场进行补偿、救助的特征。

深化医药卫生体制改革过程中，医疗保障呈现出被健康保险概念取代的趋势，强调“人人享有、覆盖城乡、改善健康”。有学者提出公共医疗保险、社会医疗救助和商业健康保险的“三支柱”健康保险制度框架。

3. 健康保险

20世纪90年代以前，健康保险一词鲜有涉及，即使是在医疗卫生、社会保障领域的理论研究者和实务工作者也同样如此。20世纪90年代以后，中国农村健康保险试验研究项目在总结我国农村合作医疗保险制度的经验教训基础上，借鉴和引进国外健康保险的理论、技术和管理办法，认为健康保险是“覆盖医疗费用和失能收入损失的一类保险，产品责任根据合约规定和所提供的医疗责任进一步分类，可卖给个体或成为团体计划出售”。此概念契合“大健康”观，体现了医疗管理思想。

在健康保险与医疗保险的关系上，部分研究认为，健康保险是致力于缓解痛苦和延长寿命的医疗服务支付风险的保险，即医疗服务保险。也有人提出，健康保险包含医疗保险，特别是商业保险机构持有这种观点。

“人人享有基本医疗卫生服务”这一目标促进了理论界和相关部门对医疗保险制度转型的思考。一些专家指出，基本医疗保险全民享有，并提议全民享有健康保险，从公众健康和个人健康角度，增大健康保险覆盖范围，促成医疗保险向健康保险乃至健康保障体系转化。2013年以来，随着对商业健康保险的政策支持力度增大，健康保险的内涵进一步丰富，除一般医疗费用补偿以外，医疗意外、失能收入损失保险等，均纳入商业健康保险范畴。

4. 健康保障

健康保障在我国是一个新兴概念，是以保障全民健康为目标，是民生保障体系的关键内容，与医疗保障制度相比，体现出保障的高水平和综合性。

在以往研究中，健康保障与医疗保险或医疗保障概念相似。其伴随公共政策，尤其是保障人民健康的政策确立而得到关注。有学者依据公共政策的确立原则——“规避健康风险、减轻疾病负担、应对灾害性后果”，将健康保障解释为“可缓解甚至消灭健康脆弱性作用的公众行动”。另有学者全面分析我国健康保障体系的组成要点，指出用健康保障制度替换医疗保障制度。

健康保障的范围要宽于健康保险，它除包括通过社会保险形式进行健康维护外，还包括通过健康扶贫、社会救助等手段对贫困人群、弱势群体的健康支持。在健康中国的战略需求下，医疗保障“重病轻防”已无法应对老龄化、疾病谱改变带来的挑战，医疗保障将向健康保障转型。

（二）概念关系的归纳

结合以上四个概念的区分以及现实的制度实践，我们可以得到如下启示。

第一，概念的区分可以结合不同的维度。根据风险类别进行划分，健康风险包括医疗风险；从保障的担责范围看，健康保险的保障范围大于医疗保险；从保障和保险的关系看，前者要大于后者。

第二，医疗保险和医疗保障注重的是医疗，而不是健康本身，强调的是医疗费用的补偿与支付，没有体现完整健康观和健康管理的理念；健康保险和健康保障超越了疾病治疗，同时包含疾病预防、康复与护理等更为完整的健康维护路径。

第三，健康保障是指引健康保险前进的方向，医疗保障体系完善的目标即用健康保障理念指引医疗保障制度的发展。

三、健康保险的目标

当前中国的医疗保障体系架构清晰，但也存在碎片化特征。2009

年以来推行的新医改方案中，这种“碎片化”情况并未消失，同时因制度变革中包含的“路径依赖”，医疗保障体系内的制度安排间出现了不协调。与追求健康目标直接相关的健康保险制度改革正在成为众多国家重要政策工具之一。WHO提出全民健康覆盖目标，以健康服务筹资为核心，不断提高人口、卫生服务、费用的覆盖范围。

在全民健康覆盖的国际背景下，我国的医疗保障体系有待转型，基本医疗保险体系向全民健康保险发展，即社会医疗保险制度由分散、碎片式转为集中、一体式，突出全民健康覆盖理念和围绕健康时间轴的全生命周期健康覆盖特征。医疗卫生体系观念由“以疾病为中心”向“以健康为中心”转化。通过健康保险体系的建设，致力于达成“全民医疗保障”和“全民健康保险”，以实现维护居民健康、提升健康保险的公平与效率的总目标。

1. 维护居民健康

《“健康中国2030”规划纲要》强调，公众健康保险致力于极大提升人们健康水平，维护国民全方位全周期的健康。我国全民医疗保险制度已经形成，为减轻患者负担、满足居民健康需求提供了重要基础。在健康中国建设的国家战略下，维护居民健康是健康保险的首要功能。维护居民健康非健康保险一己之力可以实现，需要以健康保险为支点，医疗行业、医疗卫生服务体系等多方共同参与。

2. 利益均衡下提升健康保险的公平与效率

健康保险是社会保险体系的重要组成部分，未来以全民健康保障制度为载体，在社会保障制度进一步完善与优化过程中，推进社会公正、保障居民健康，将成为健康保险的重点工作。需要理顺健康服务价格，通过更精准、科学的测算，设定合理的医疗服务价格水平，促使健康服务供方提供合理的健康服务，并控制费用，从而缓解患者的医疗重担，提高健康服务品质；同时，通过多方参与，在维护居民健康的整体导向下，实现多方主体利益的获取与利益要求的满足，转变以往部分利益主体（如药品生产流通部门等）被"管束"的状态，促使其主动维护居民健康，降低管理成本，提升管理效率。此外，信息化水平的全面提升与新技术的运用，为健康保险体系的构建提供了更多便利条件，有利于信息的透明化与民众的参与，也有利于提升管理资源、健康服务资源的配置和使用效率。

在健康中国战略下，健康保险改变应对因病致贫风险的定位，建立更加完善的全民健康风险管理体系，通过健康信息化服务体系建设，不断提高对健康风险的应对能力。

第二节 健康保险的基础理论

健康保险是保险公司对因各种健康风险原因导致的损失给付保险金。通过健康保险，实现健康风险的转移和分担。健康保险的需求构成健康保险的基本理论，根据经济学的基本理念，所谓健康保险的需求是指在一定时期内购买者愿意并且有能力购买的健康保险产品的数量，需要满足两个方面的要求，即购买者的购买意愿和实际购买能力。与此同时，健康保险市场通过价格机制，存在供给与需求之间的相互制约。全生命周期的健康理念将各类健康保险主体形成系统，需要主体之间进行服务的整合。当前国家医疗卫生支出快速增长，占 GDP 的比重不断上升。经济合作与发展组织（简称经合组织）的研究测算提示，如果不采取有效的成本控制措施，未来四十年，中国政府医疗卫生支出及长期照护支出占 GDP 的比重将是目前的三倍。整合是减少资源消耗、提高健康保险服务供给效率的主要路径。

一、为何需要健康保险

(一)健康经济学:经济性是健康保险必须要考虑的问题

西方发达国家强大的经济基础为福利制度提供了坚实的基础,但随着福利国家爆发出的种种问题,特别是在全民医保、免费医保等医疗保障制度下,福利国家的医疗保健支出不断高涨,频繁冲击着国家财政,人们不得不肯定经济性是医疗保健投入必须要考虑的问题。

美国经济学家肯尼斯·阿罗(Kenneth Arrow)所著《不确定性和医疗保健的福利经济学》为健康经济学奠定了基础。风险规避、逆向选择、道德风险、信息不对称、外部性等健康经济学研究的重要概念在文中被提出。此后学者们逐渐建立了一个完整的健康经济学体系,涵盖了健康特征、价值与效用、健康的影响因素,以及宏观和微观角度的健康经济等内容。

健康经济学对健康保险有重要的理论基础价值,既体现在行为经济学研究角度,也体现在作为健康政策和健康服务研究的经济学角度。从行为经济学角度来看,影响和决定健康的众多因素中,健康经济学家发现生活方式与健康行为、物质及心理环境等直接影响了人们的健康。这是健康管理的重要内容,也是未来健康保险治理的政策设计中不可忽视的重要部分。从健康政策来看,配置健康资源的公平及有效性、平衡公平与效率,是健康保险制度设计中无法回避的。保险制度需要降低患者患病的经济风险,同时合理分配医疗资源。

(二)健康风险理论:风险的分担与传导

1. 健康保险制度:健康风险的转移与分担

健康风险(health risk)特指一切自然存在和社会存在相对于人的健

康而言可能形成的一种损害性关系状态。健康风险因素，既包括个体和医疗因素，如遗传、职业和医疗服务水平等，也包括非个体因素，如环境和风俗习惯等，具有潜在性和严重性的特点，居民个人面临着健康威胁和经济隐患。保险的重要作用即转移和分担风险，使个人在发生健康风险时能够有机会获取健康恢复的服务和减轻负担。

医疗保险制度就是通过联合医疗保险机构、个体（居民或职工）、单位等主体，由保险人在给定成本和偏好的情况下，经签订保险合同来分担被保险人的医疗风险，实现参保人的风险转移与分担。但随着完整健康观念和全生命周期健康管理概念与保险制度的结合，传统医疗保险制度的可分担风险的边界、内容受到局限，所以提出了健康保险以实现新意义上健康风险的有效分担。

2. 健康风险传导：传导途径与影响

健康风险传导指健康风险从其风险源出发，依托某种载体，经由一定途径，传导至健康保险实施过程中的人群、机构甚至社会。目前保险制度风险分担领域的研究主要集中在以下两点：群体中的健康风险传导，保险人（保险机构）与被保险人之间的风险传导。

第一，群体中的健康风险传导。群体中个人的健康状况是彼此联系、相互影响的。在健康保险制度下，个人面临的健康风险传导至整个被保险人群，主要体现在保险补偿的来源是包含被保险人群缴纳保费的专项保险基金池。通过健康保险的补偿覆盖，个人的健康经济风险得以降低，由疾病带来的个人和家庭的经济压力将大大减轻，也有利于减少社会整体的健康损失和降低潜在的因贫困所致的社会不稳定性。但是，由于个体健康支出补偿使用的是整个社会的保险基金池，意味着个体的健康经济风险传导至群体。

第二，保险人（保险机构）与被保险人之间的风险传导。健康保险的一部分资金来源于被保险人缴纳的保费，发生健康风险时对被保险人进行补偿，这一过程隐含了个人健康风险传导至保险机构的过程。随着人口老龄化程度的加剧，国家健康支出费用负担逐渐加重，保险机构可能面临保险基金收不抵支的风险。健康保险需要通过规范的治理，设计合理的健康风险产品的购买战略，最大限度地保障被保险人的合法权益，保证分担人群健康风险的可靠性。同时，健康保险也可以通过全生命周期的健康教育和健康行为干预，减少健康风险的发生，达到阻断由于个体健康风险带来的机构风险激增的目的。

因此，健康保险制度下的个人健康风险在人群、社会和健康保险机构之间互相传导。在健康保险发展中，需要规范群体和保险机构的行为，进行科学的保险制度和保险内容设计。建立围绕人的全生命周期的广覆盖、高水平的健康保险制度，关注和优化风险传导途径，达到风险帕累托最优配置的目标，即充分利用有限的人、财、物等资源，优化资源配置，争取实现以最小成本创造最大效率和效益的目的。

二、健康保险目标的理论

（一）全民健康覆盖：健康保险总目标下的不同路径选择

健康保险体系的健全与发展是社会事业发展的重要标志之一。全民健康覆盖（universal health coverage, UHC）发展目标的主旨是确保每个人都能获得所需要的卫生服务，并且不会因为这些服务陷入经济困难。自2005年被提出以来，这一概念不仅已成为世界各国卫生发展的最终目标，更为健康保险事业指明了方向。在我国，全民健康覆盖的目标最早在2009年新医药卫生体制改革中明确提出，到2020年要实现该目标。

评估全民健康覆盖的水平包括服务覆盖、人口覆盖和费用覆盖三

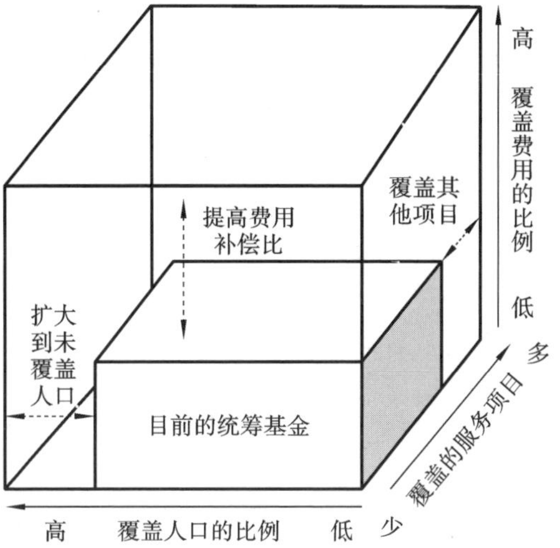

图 2-1　全民健康覆盖目标的内涵

（图片来源：2008 年世界卫生报告《初级卫生保健：过去重要现在更重要》）

个维度（如图 2-1 所示）。①服务覆盖是保障健康的基础，它涉及卫生服务的范围、质量和可及性。②人口覆盖关注的是健康保险制度的人口覆盖率。全民健康覆盖是指基本医疗保险制度应该实现全人群覆盖，从而促进卫生服务的有效利用。2019 年 5 月，第 72 届世界卫生大会将主题确定为“全民健康覆盖：不遗漏任何一人”，推动世界各国采取实际行动落实全民健康覆盖。③费用覆盖是指健康保险制度覆盖的卫生费用比例，它反映了个体患病时的自付水平。民众在享有一定质量的基本健康服务的同时免于财务风险，是全民健康覆盖目标的重中之重。全民健康覆盖目标的实现，要求这三个维度上的覆盖缺一不可。在实现全民健康覆盖过程中，由于受到统筹基金的规模限制，任何一个国家都无法同步实现这三个维度，需要在三者之间进行权衡，并做出优先策略选择。

全民健康覆盖不仅保护个人和社区的健康与福祉，而且有利于促进创建公平、稳定和团结的社会。世界各国积极响应WHO的倡议，结合国情探索全民健康覆盖的实现模式。以英国为代表的部分国家实行全民免费医疗，其筹资主要来自政府税收。另外一些国家推行医疗保险制度，如德国、俄罗斯等，通过建立政府、社会、个人的多方筹资渠道来为居民提供经济风险保护。在亚洲，韩国从20世纪80年代前后开始致力于全民健康覆盖目标，经历了从分散到整合的过程。

全民健康覆盖目标下健康保险的改革方向：随着我国社会的发展，“大健康”理念的广泛推广，其内涵与外延也不断扩大，保险的发展模式应向“以健康为中心”转变。健康保险将更贴近全民健康覆盖的目标。服务覆盖上，健康保险将从传统医疗保险的医疗治疗领域扩展到预防、保健、康复和姑息治疗，积极开展多元化的健康促进计划，发挥疾病预防的重要作用。人口覆盖上，健康保险将扩大人群覆盖面，不仅将有疾病治疗需求的人群纳入覆盖范围，还纳入有公共卫生、健康促进与干预、康复等服务需求的人群，是一种真正的全生命周期的保险。费用覆盖上，随着服务覆盖范围的扩大，个人健康费用的自付比例将降低。在未来，健康保险服务供给主体不断地从正式部门向非正式部门扩展，社会保险、商业保险、救助体系等不断完善。与此同时，各种健康服务的整合促进保险基金效率目标的实现；国家将来或许会根据个人缴纳的保险费不同，通过制定个人负担封顶线，加大费用覆盖的深度。

全民健康覆盖目标的实现涉及健康保险体系的供给侧及需求侧改革。在供给侧方面，供给主体、供给内容，以及不同主体和内容之间的融合性增强。除了医疗机构外，各种预防保健组织、疾病控制中心、护理机构等也成为健康保险的主体。在需求侧方面，健康服务的筹资和支付影响着服务供方激励结构、供给行为和服务的充足性、可及性，最终对全民健康覆盖目标的实现进程产生影响。

（二）关注健康公平与效率

医疗卫生领域的公平不同于普通的社会公平，这一观点集中体现在1996年WHO提出的“差异公平观”，该观点提出，医学领域中的公平应以需要为主导，而不是取决于社会地位、收入差距等其他条件。世界银行发布的《2006年世界发展报告：公平与发展》中，明确提出公平的两项原则：一是机会公平，二是享有成果公平。对于弱势群体而言，享有成果公平意味着要着力消除或减少健康和服务利用上的不公平和不应有的差异，遵循全民享有的原则，努力使每个社会成员都能达到满足基本生存的医疗卫生标准。为此，要推动风险分担机制的建立和完善，在健康保险制度设计上要适度向弱势群体倾斜。

探讨公平必然离不开对效率的关注。效率作为与健康公平相对应的概念，意味着卫生资源在不同医院或服务间的有效配置，从而在一定经济和技术条件下取得最大的健康成果。由于健康问题的特异性、卫生资源的稀缺性和社会公益性等，健康领域应追求公平与效率的动态均衡。既要避免阳光普照式的健康公平，又要避免忽视卫生资源社会公益性的效率去向，应根据经济发展的不同阶段，合理配置卫生资源。

在健康保险制度下，应当发挥社会其他医疗保险、商业健康保险的功能，让其更多地承担健康风险转移和分担的职责。此外，风险分担的关键是筹资可及性，健康保险应将更多的社会主体（如社会公益组织、商业组织等）纳入筹资范围，多筹资主体可以更广地分担风险。全生命、全人群和广筹资的健康保险，才能最终达到保障人民健康、维护社会稳定等目标。

三、健康保险供给的理论

(一)关注健康中的价值

1. 价值医疗理论:购买高价值的健康服务

全球医疗费用加快上涨,现今是价值主导的医疗时代。Value-based healthcare,翻译成中文为“价值医疗”或“价值导向性医疗”,其坚持以患者为中心,涵盖医药卫生服务全过程。与传统的医疗系统相比,价值医疗提倡购买高价值的医疗服务,而不仅仅以费用、财政支出等作为衡量手段。价值医疗可在大幅改善医疗成效的同时显著降低成本。但正如其概念所示,目前的价值医疗更多局限在医疗领域,尚未拓展到整个健康服务系统。

用价值医疗理论去引导健康保险时,需要思考在健康保险中各健康保险内容的价值,以及哪些健康内容是高价值的。例如,医疗保险支出与公共卫生保险支出相比,前者费用高、短期效果显著,属于事后应激;后者费用低廉、长远社会效益明显,是一种主动防范干预。因此,从投入与产出的角度,公共卫生保险支出更符合价值医疗理论。

价值医疗对健康保险支付有重要作用,是医疗保险能否购买到有价值的医疗服务的一个重要抓手。它通过供需双方的作用,既影响医生和医疗机构的行为,又影响患者行为。在价值医疗理论影响下,医疗保险机构思考如何通过支付制度的改革,使用有限的医疗保险基金,为参保人购买到更多、更好的医疗服务,为参保人提供更好的保障。从角色上看,医疗保险机构并不只是“出纳”和“会计”,应该在服务的内容、价值的选择、成本的平衡上进行更好的设计,对医疗保险机构进行新的定位。

2. 价值共创理论:健康保险各方的价值共创共享

传统的价值理论强调企业是经济价值的主要创造者、顾客是价值的消费者。这一观点一直持续到1968年,Fuchs认为顾客也是在服务中共同创造价值的成员。后来Elinor Ostrom首次明确提出价值共创的概念。价值共创在管理学、经济学、社会学等领域引起反响。其核心是倡导重视顾客价值创造,强调以消费者体验为导向的服务模式。

从传统的经济价值的产生和实现过程来看,各方通过博弈实现利益平衡,从而获取利益。从社会价值来看,政府-医疗保险-医院等主体是基于共同价值体系建立起来的系统,是一种价值网络关系,各个主体之间围绕健康这个终极价值目标进行协同和价值共创。按照《"健康中国2030"规划纲要》的要求,实现全人群、全生命周期慢性病健康管理。医疗机构、公共卫生机构、企业机构、环境部门等共同围绕健康价值目标协同和共享价值。互联网医疗背景为医疗卫生行业的价值共创与共享提供了更广阔的空间和更多的手段。

提供多种形式的健康管家服务,带来医疗行业的价值增长。通过医疗服务供方、接受方及管理方的有效整合,分析与优化患者就医的内外部环节,做出最好的安置计划,实现原有医疗服务效益的提升、医用稀缺资源的节省与平衡,达到使患者感受改善的目的,最终促成最大健康价值。

居民个体通过禁烟限酒、摄入低糖低热量饮食、适量运动与避免久坐等健康生活方式与行为,参与健康价值创造过程。这是"大卫生、大健康"理念和"共建共享、全民健康"战略路径的具体实践。这个过程既是全民保健的途径,也是推行实施价值医疗的过程。促进健康各主体之间的价值共创与共享,以及医疗、医疗保险和医药的"三医"联动,既是时代命题,也是改革所需。

（二）供给与需求理论：健康保险市场的供需均衡

供给与需求是经济学两大基本概念，也是健康保险市场中紧密联系、相互制约的两个基本问题。健康保险市场主要包括健康保险供给主体和健康保险需求主体，其中健康保险的主要供给主体是政府部门，市场各保险机构、健康机构参与其中，它们共同协作，致力于提供覆盖全生命、医防融合的健康保险内容。为保证健康保险的良好发展，需要关注健康保险制定、推行和实施的供需全程，达到供需均衡。

1. 健康大背景下健康保险供给与需求的产生

第一，从健康保险需求主体来看，不应只是患者个体，而应是具有全生命周期健康需求的普通人群。健康存在不确定性，为规避健康风险，减少健康损失，引发了人们对于健康保险的需求。健康保险实际需求发生有两个要点，首先是主体具有规避风险的心理，其次是主体具备支付健康保费的意愿和能力。当前经济发展迅速，人民收入水平提高，面对老龄化、慢病化社会下的严重健康威胁，人民的健康要求提高，健康保险需求旺盛。此外，健康保险的风险分担体现了公平和自助互助，也将促进人群的健康需求转化为健康需要，实现疾病的早诊断、早治疗及早控制，可有效减少健康损失和卫生资源耗费。

第二，从健康保险供给主体来看，不仅是政府和相关保险机构，还包括市场各类健康机构，如药品供应商、社会福利机构等。传统医疗保险和疾病保险主要关注患者或特定疾病的风险，一味地被动承担损失，补充的商业健康保险人群覆盖面较窄，依然无法从根源上减少健康损失。随着健康管理概念的提出，国家愈发重视完整健康观下的保险制度改革，致力于打造“全民健康保险”。政府主导下的健康保险，兼顾人民健康需求和现有卫生资源储备及分布情况，鼓励不同健康机构参与健康服务与管理，围绕健康生态系统建设和健康风险控制，将疾病治疗、初级保健、疾病预防和健康促进等均纳入保险服务范围，形成关于健康的整体服务系统。

2. 健康保险需要实现供需均衡

当前医疗服务市场供需不均衡，地区差异大。随着经济体制改革和社会变化，“看病难、看病贵”问题日益凸显，人民的医疗保险需求旺盛，但医疗资源供给不足严重制约需求，经济落后地区尤其明显，医疗保险供给与人民需求之间的矛盾愈演愈烈。此外，由于制度、环境、资源和利益等众多因素共同作用，出现一系列供需不足和供需过度现象，这些都不利于保险市场正常运作，会加剧资源浪费和人民健康负担。为了缓解矛盾，满足需求，医疗保险制度改革不断推进，代表全人群、全生命周期的健康保险也提上日程，成为全社会关注的焦点。

健康保险的需求与供给均衡应当是在政府主导下，加强医疗卫生体系改革和监督，不断优化卫生资源配置，提高社会福利，从健康风险发生的源头出发，减少健康损失和卫生资源损耗，满足人的全生命周期健康需求。这就要求设立有效的健康保险管理激励机制和监督机制，使得供需中的各个主体按照最优原则行事，在个人和社会群体的健康需求都能得到满足的同时，实现保险基金正常流动和卫生资源合理使用。政府与市场及其关系在健康保险发展过程中至关重要，在健康保险推行和实施过程中，政府主动、合理介入以及市场的参与及推动是健康保险实现良好发展的重要力量。

（三）整合理论：健康保险目标、服务、补偿服务包需要整合

1. 体系内部的整合

在健康保险资金方面，在支付方式中按人头、总额预付等预付制将

保险资金前移为防病资金。由于健康保险资金定额有限，供方在让患者康复出院的同时，尽可能地提供优质的服务，结余资金可更多地用于康复、护理等愈后服务中，以服务关口前移促进居民健康维护。这种以健康保险费用支付来牵动各方医疗资源整合的方式，使得保险基金的利用更具效率，以整合来改善我国医疗服务碎片化现状。整合包含体系内整合与体系间整合，目前体系内整合主要是资源的整合，主要包括医疗保险、医疗服务、医疗信息、医务人员、医疗机构等方面。

(1) 医疗保险的整合：主要为城乡居民基本医疗保险的整合、生育保险与城镇职工基本医疗保险的整合。通过运行管理监督一体化，提高保险运行效率，保障基金安全与共济，从而促进医疗卫生资源的共享，提升医疗公平。

(2) 医疗服务的整合：医疗服务的整合包括全科门诊服务、分级诊疗制度、连续性服务等方面。全科门诊服务以服务签约的模式保障居民全生命周期的健康，其服务贯穿了疾病预防、治疗、愈后的一系列连续性过程。分级诊疗制度对医疗服务的整合体现在机构间的连续与联合，在于解决机构间连续性服务问题，促进不同等级医疗机构间资源分配的合理化。连续性服务包括机构间的服务连续性及机构内的服务连续性，机构内的服务连续性是以人为本的、贯穿疾病全过程一体化的服务，通过医疗与预防衔接保障居民健康。

(3) 医疗信息的整合：通过信息化平台达成公共卫生与医疗、医疗与医疗保险等多体系间数据交换对接，以互联互通打破信息“孤岛”。信息化的发展促进机构间信息共享、业务互通，患者的转诊衔接有序化、高效化，同时各个机构的医生能够更快捷地掌握患者以健康档案为核心的健康信息，准确进行疾病诊断。相关终端的远程会诊、预约挂号、疾病回访服务以及行政管理都离不开信息平台，信息的互联互通使服务更具连续性。

(4) 医务人员的整合：医务人员的整合涵盖了家庭医生团队服务模式，专家帮扶，优质医务人员下沉，全科医生、健康管理师的培养等多个方面。通过人员的纵向、横向流通促进优质资源的有效利用，以利于居民服务利用均等化。

(5) 医疗机构的整合：医疗机构的整合涵盖城市医疗集团、县乡村三级协作网以及基层医疗服务共同体（简称医共体）、区域医疗联合体（简称医联体）等，以区域医疗资源共建共享为发展目标。

2. 体系之间的整合

随着医改的推进，单一的体系内整合已经无法满足以患者为中心的医疗服务需求，体系间的整合与协调成为不可阻挡的趋势。

(1) 基本医疗服务和基本公共卫生服务的整合：基本医疗服务和基本公共卫生服务的整合是我国未来医疗卫生发展的趋势，通过医疗服务与公共卫生服务的融合渗透，以“治未病”为切入点维护居民健康，建立疾病防治结合新机制。

(2) 健康保险体系与服务体系的整合：医疗保险间的整合可以支付方式为纽带，促进医疗保障与卫生服务体系间的联动，例如，阜南的医共体模式内医疗保险支付制度改革，阜南县每年为新型农村合作医疗预留一定额度的风险基金，剩余资金按人头数划拨给医共体，结余资金按比例在机构内分配。这促使医共体内部增强控费意识、降低外转率，从而增加基金结余、扩大机构收益。另外，建设多元化保险体系，增设慢性病保险、长期护理保险等健康险种也有利于健康保险体系与服务体系的整合，多元化的保险体系使医疗保障覆盖面由疾病治疗延伸至预防保健、健康促进、长期照护，不同险种的支付机制可由保险类型而定，使保险渗透于预防—医疗—康复全流程。

3. 整合的实现方式

(1) 通过支付方式实现健康保险体系与服务体系的整合：

健康保险体系与服务体系的整合可以减少疾病发生，发挥健康保险对预防保健的促进作用。但是，在以支付促进健康保险体系与服务体系的整合过程中，并没有单一有效的支付方式能够达到各方所期望的效果，支付的高效益与高效率需要在完善医疗保险制度的基础上，采用混合型的支付方式，使多种支付方式达到优缺互补，建立有序、互补的医疗服务付费体系，实现医-保-患效益最大化。

在管理方面，不同支付方式带来的激励，可以提升体系内医疗机构个人与整体效率。一方面，激励医疗机构控制不合理医疗行为，促使医务人员服务收费规范、合理化；另一方面，促使医疗机构建立与支付方式配套的管理措施，降低服务成本，提高整体服务效率。在服务方面，医疗保险支付方式改革作为服务整合的核心工具和撬动靶点，促使医务人员在合规费用份额范围内尽可能提供高质量服务，实现服务质优价廉的目标，使以"健康"为中心的服务模式得以进一步推进。

(2) 通过全科医生服务实现健康保险体系与服务体系的整合：

基本公共卫生服务：从服务内容来看，在基本公共卫生领域全科医生的服务提供以家庭医生签约为连接点，承担了医疗保险、就医机构的选择、疾病的治疗、愈后保健等基本公共卫生服务工作，由此，全科医生成为居民健康维护的"第一人"，指导居民选择个性化预防、愈后保健与进一步的健康促进措施。

基本医疗服务：全科医生服务内容是以居民常见病、多发病为主的基层医疗机构病种目录内疾病的诊断和治疗，以门诊、巡诊、出诊、家庭病床等服务方式实现对患者的病情判断与追踪，进而提供诊断、治疗、康复方案。全科医生贴近居民，使其成为居民疾病诊疗的“第一人”，为居民疾病诊疗提供针对性服务。

健康保险体系与服务体系：在健康保险体系与医疗服务体系中，全科医生不仅可以作为居民的健康守护人，同时也能够作为居民医疗保险费用的把控者。在诊疗过程中，全科医生通过对患者病情的初步判断，对患者是否转诊及治疗制订初步方案，并对患者医疗费用的预估及医疗保险报销额度进行把握。由于对患者家庭及病情有全面的了解，在健康保险与医疗机构的选择上，全科医生的考虑更加周全，以此建立起家庭-全科医生-健康保险的联动，由全科医生促进健康保险体系与服务体系的整合。

（四）公共产品理论：健康保险需要政府责任主体之外的多主体参与

市场管理中的政府职能经历了从“守夜人”到“全面干预”再到“新公共管理”阶段。古典经济学家认识到，有一部分产品不能经私人部门通过市场供给，只能由国家提供，这些产品即公共产品。约翰·穆勒等古典经济学家非常重视公共产品与政府职能之间的密切关系。部分由许多人共同消费的设施或者服务，单纯依赖市场力量，可能出现供给不足，即存在市场失灵，或者难以实现公平，因此必须突出政府供应的作用。

健康服务中的公共卫生服务往往被看作是一种公共产品，经历了从“政府单一提供”到“政府、市场共同提供”再到“政府、市场和非营利部门共同提供”的变迁。在健康保险中，政府需要在保持集中化决策和治理的同时，适当推动责任的分散化，即通过多种手段，把健康保险服务交给不同的团体和部门（包括私人部门）去经营。发挥商业健康保险、社会健康救助等在健康保险中的作用，保险客体可以在不同的健康保险提供主体的适度竞争中，进行优劣比较和选择，从而在促进健康资源合理分配的同时，提高资源的利用效率。

第三节 健康保险的实现思路设计

治理机制、筹资机制、支付机制和补偿机制是健康保险体系的四大框架性要素。健康保险首先改变了治理主体，从政府占主导地位逐步向多元主体共同治理过渡，主体除了政府之外，还包括市场、社会组织和公众。全民健康覆盖目标，即人人在一个支付得起的水平上，获得主要的健康促进、预防、治疗和康复的卫生干预措施，提出完善我国健康保险筹资机制，同时关乎筹资的可持续性问题。需方不再仅仅是健康保险的补偿对象，同时也是保险的主体与健康价值的创造者。在支付上，基于价值的支付方式改革设计将健康保险的关卡前移、服务供给下沉。

一、健康保险体系的框架性要素

世界卫生组织提出良好的、全民覆盖的社会医疗保险设计需要关注七个关键要素：人口覆盖、筹资方式、风险分担划分层次、风险分担结构、受益补偿方案、提供者支付机制和管理效率。将这七个要素与全民健康保险制度设计相结合，主要突出了三个层面，即资金筹集、风险分担和购买。资金筹集的关键问题是预付和人均筹资水平；风险分担的目的是筹资可及性，同时取决于风险的分解程度与构成；购买是通过设计补偿方案、研究提供者支付机制，以最佳方式利用有限的资金。

“调结构、建机制、大整合”是社会保障持续发展的必由之路。健康保险制度设计中，应考虑的框架性要素包括以下几点：①治理机制，既要回答健康保险中的政府与市场行为问题，又要围绕全方位全生命周期健康管理理念，进行健康保险的整合治理。②筹资机制，不仅仅是要回答“钱从哪来”，还要拓展筹资渠道，建立与社会经济发展水平相适应的筹资水平。③服务购买，改变传统的医疗费用支付方式，建立更加科学、合理的支付方式，强调基于价值的健康保险支付，如价值导向的健康保险战略性购买。④需方补偿，根据健康保险目标，进行适宜的保障广度、深度和宽度的需方补偿服务改革和设计，居民将不仅仅是保险的补偿对象，也是健康价值的创造者。健康保险体系框架见图2-2。

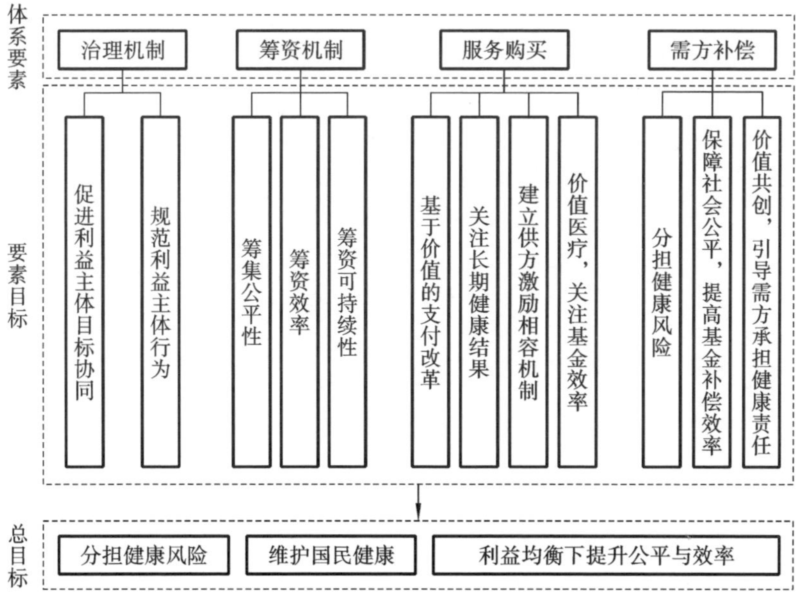

图2-2　健康保险体系框架

二、健康保险体系设计的主要思路

健康保险体系包含政府（健康保险部门、卫生行政部门、其他政府部门）、社会、健康服务机构、医药体系、居民等多个主体，并包含治理机制、筹资机制、服务购买、需方补偿四大核心要素，主体和要素之间相互关联与制约。健康保险体系设计见图 2-3。

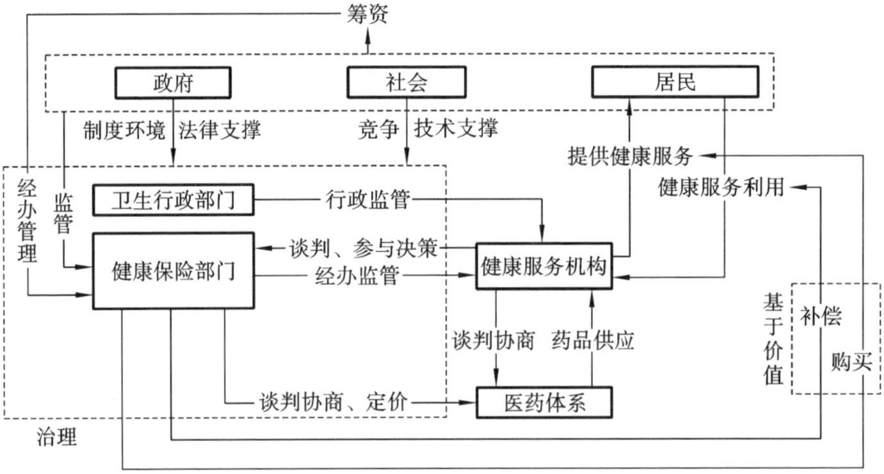

图 2-3 健康保险体系设计

（一）健康保险的治理机制

1. 传统的基本医疗保险管理与运行

基本医疗保险是社会保险的重要组成部分，具有突出的公益属性，主要由政府直接负责，政府是其运行的最终责任人。

社会基本医疗保险管理包括行政管理、业务管理、基金管理和监督管理等内容，由行政部门和经办机构进行管理，分别承担医疗保险的行政管理决策职能和保险的具体实施工作，体现了管办分开的职能分工。

但医疗保险经办机构与医疗机构的管理缺乏协商谈判的基础平台，因谈判机制的缺失，合理、高效运用医疗保险工具提高医疗服务质量的政策目标也没有实现。经办服务的供给、生产、监督和管理等四个方面的职能需要界定，经办机构内部管理也缺乏有效的经济激励，导致活力有限。

2. 从医疗保险管理到健康保险治理

(1) 治理的主要理念：治理，从中文字面上可以解释为统治、管理。在英语语境中，治理表述为 governance，原意指控制、引导和操纵。以往它与统治一词交叉使用，主要局限于政治学领域，用于与国家的公共事务相关的管理活动和政治活动中。自 20 世纪 90 年代以来，西方政治学家和政治社会学家突破治理的政治学领域局限，赋予 governance 新的含义。

治理理论的主要创始人之一罗西瑙在其代表作《没有政府的治理》和《21 世纪的治理》中，将治理定义为一系列活动领域里的管理机制，它们虽未得到正式授权，却能有效发挥作用。罗西瑙强调，治理是一种由共同的目标支持的活动，而这些管理活动的主体未必是政府，也无须依靠国家的强制力量来实现。治理提出重新思考政府与市场的边界问题。从管理到治理，是对政府、社会与公众关系的重新调整和定位，是政府、社会、市场和公众权利与资源的重新配置，是政府、社会、公众合作规则的重新建立。

(2) 对健康保险治理机制的思考：健康保险的治理机制，抛开从医疗经济补偿到健康管理的转变不谈，单从管理到治理而言，首先改变了保险的治理主体，使治理主体除了政府之外，还包括市场、社会组织和公众。健康保险需要建立以支付为引擎，实现医疗服务利益相关人之间长期合作与共赢的综合治理机制和规则体系。

健康保险的治理机制要求重新思考政府与市场的关系，从政府主导逐步向多元主体共同治理过渡，引入市场竞争机制，探索公私伙伴关系，充分发挥市场的风险保障机制和社会组织的福利救助功能，建立协同治理和合作治理的多层次健康保险服务体系。健康保险将公众从原先简单的被保险对象转变为保险的重要参与者。

健康保险治理体系是一套多元合作、有机联动的现代化健康保险治理体系。需按保险的责权利对等准则，大力推进公民加入健康保险治理，经由公平的商谈机制、契约管理机制、风险分摊机制及第三方监督机制，调动医疗机构、参保人等主要利益主体的积极性，建设互利共享新机制。另外，需推进医疗保险、医药和医疗三者的互动，在尊崇基本规律之上，寻求制度优化和体制创新。在这样的体系支撑下，健康保险可依据健康中国建设发展需求，疏通并改善管理制度和服务系统，充分发挥健康保险在健康服务供给、质量优化、费用控制中的杠杆作用，同时促使各方利益主体在实现自身利益的同时，将目标导向国民健康，以实现健康保险在维护居民健康这一功能的效率最大化。

（二）健康保险的筹资机制

1. 保险筹资的基本模式

筹资贯穿于每一个环节，其设计科学与否是决定一项健康保险能否持续发展的关键因素。健康保险的筹资是指针对具体健康保险服务体系和政策目标所制定的、旨在为国民提供适宜健康保险的基金筹集计划，是制度运行的前提，也直接关系到保险的支付方式。其具体涉及筹资水平、筹资渠道、统筹层次等各方面问题，同时也要考虑如何应对老龄化、如何让健康保险制度可持续发展等。

医疗保险筹资的一般原则：国民依照其财富多寡（或支付能力高

低）来缴费，而患者则根据其需要接受的医疗服务来缴费。具体来说，有两种做法：其一，国民健康保险费为个人收入所得税的一个固定百分比，由立法机构确定这一百分比并定期加以调整；其二，单独征收国民健康保险费，根据不同职业和人群设定不同的缴费标准。

从国际上看，保险制度的财务筹资和使用方式主要有俾斯麦模式和贝弗里奇模式两种。俾斯麦模式的特点是把疾病风险的费用分散给全体居民，也就是通常所讲的社会保险形式，这种模式下，基金筹集一般来源于政府、企业和个人。贝弗里奇模式由政府通过税收筹集专门基金，再由政府按照规定形式进行发放，如美国由财政部国内税务局负责征收的社会保险基金。2005 年世界卫生组织提交的《实现全民健康：保障改善卫生筹资机制》的技术报告指出，实现全民健康保障制度的路径是建立以税收为基础或社会保险为基础的筹资机制。综观各国，没有一个国家能把保险筹资模式归结为哪一种，但必然有一种占主导地位。

2. 健康保险筹资机制设计

Mark V. Pauly 指出，最优的医疗保障制度应该是由政府和患者共同付费，并且设立免赔额或自付比例。我国在现行医疗保险制度框架下，主要走社会医疗保险模式。城乡居民、职工都被基本医疗保险制度覆盖，但不同医疗制度的参保对象在筹资标准、补偿标准及相关待遇等方面存在较大差距，缺乏公平机制。

经验表明，政府公共筹资在保险基金筹集的公平性、稳定性、资金使用的合理性、有效性等方面均具有明显优势。这是世界卫生组织多个成员国的历史总结。在中国，建立一种全民免费的医疗保障体系的时机尚未成熟。因此健康保险继续执行政府投入为主、个人投入为辅的筹资机制，提高筹资层次，以确保健康保险筹资充足、有效、公平、稳定、可持续，并最终实现全民健康保险的目标。

在筹资设计上，要充分考虑未来的健康保险支付内容改变对筹资的影响。随着预防保健、健康行为、长期护理等纳入健康保险，未来健康保险基金总量上升，如果单纯以政府财政补贴作为政府投入的主要来源是明显不够的。

因此，需要拓宽基金筹集渠道，探索将健康相关行业等纳入健康保险税收范围。借鉴其他国家的做法，可以从税收渠道开展多种途径的健康保险筹资：①卫生税，对饮食、娱乐等行业征收；②经营附加税，对烟草生产、药品生产等行业征收；③一些特别行业的健康保险税，如对从事保健、美容、化妆品、健身等高档消费服务行业征收健康税，对潜在损害人民身体健康的行业和产业开征医疗保障税等。

在筹资方式上，除了主动上门收取保险费外，还可与委托银行代缴、滚动预缴费或者居民定点上门主动缴费等多种形式相结合，将更多的居民纳入健康保险的范围中来，同时可以建立以家庭为单位的筹资方式，建立家庭账户，提高健康保险的覆盖率。此外，需提升统筹层次，促进地区间的公平。

（三）健康保险的服务购买

1. 医疗保险支付制度的做法

医疗保险支付制度关系着医、保、药、患等多方的利益格局，关系着医疗保险制度改革的成败和是否可持续发展。从实践上看，我国各地医疗保险经办机构采取了总额预付、按病种付费、按服务单元付费、按人头付费等多种付费方式，但也在具体运作中出现了转移医疗费用、医疗质量降低、推诿患者等问题。医疗保险支付制度改革是一个不断博弈的过程，要把改革贯穿于医疗保险建设的全过程。

2. 健康保险战略性购买的思考

完善系统性的支付制度，对保险具有资源导向、价格决定作用。健康保险支付制度要着眼于制度建设和机制创新，改革要打好“组合拳”。这个组合拳的依据就是价值，以价值为导向的复合型支付方式为主，结合健康服务供给体系的整合，构建健康保险的风险共担机制与激励约束机制。

价值导向的健康保险战略性购买被世界卫生组织视为提高医疗卫生系统绩效的主要途径。在筹资来源有限的前提下，通过健康保险基金购买，规范和发挥购买中的“合同、竞争、支付、激励”以及“服务的标准化和合同的投标、监管、修订及绩效”等，将会对保障效率及健康产出影响巨大。

与医疗保险购买相比，健康保险购买内容范围更大，健康恢复、康复与护理等将逐渐纳入购买内容。因此，保险公司面对的机构不再局限于医院等医疗机构，养老、护理、社区机构等逐渐成为购买管理的核心。在购买的关注点上，也将由服务项目转向服务质量。同时，为提高保险基金保障效率，购买对象也将由传统的单个机构转向医联体、医共体等医疗集团。在医疗集团内，可考虑将公共卫生服务经费与医疗保险基金打包整合成健康保险基金，并打包预付给服务供方，促进服务供方更加着重医、防与健康管理的结合。此外，需要对各利益相关者进行经济利益调配并提供持续有力的经济激励，确保购买的可持续性，并完善风险调节机制。

（四）健康保险的需方补偿

1. 我国基本医疗补偿机制的内容

为补偿国民因疾病等健康风险造成的经济损失，我国政府建立起医疗保险制度，通过多层次的补偿制度设计，包括基本医疗保险、大病保险和补充医疗保险制度，最大限度地降低疾病的经济风险。在实际运作中，医疗保险补偿主要基于医疗费用特别是住院费用的支出，划分补偿范围和补偿线，并通过不同机构和人群间的差异化补偿水平政策，提高保险基金的使用效率。

在运行中，我国现行医疗保险的主要覆盖范围是因疾病风险遭受的经济损失，只有发生了确切的因疾病而带来的经济支出，才能从保险中获得补偿。保险补偿按照疾病目录、药品目录、服务目录等进行管理，无法按照治疗需要进行设定。同时，补偿方案缺乏灵活性，当新情况发生时，往往以政策补丁的形式加以修正。

2. 健康保险需方补偿服务包的思考

随着健康保险由疾病治疗补偿向防治结合方向发展，保险的补偿机制着眼点也要随之发生转移：从减小费用风险转向健康风险的综合控制。经济补偿不再是唯一目的，降低健康风险、提高健康产出才是最终目标。

因此，健康保险的补偿需要以价值共创理念为基础，尽可能覆盖全人群，让所有社会成员都有权利得到适宜的健康保障，并充分保障不同人群在健康保障受益方面的公平性。通过合理的补偿服务包设计，将健康风险的预防控制、保健、康复与护理等具备较好健康价值的预防性医疗服务纳入健康保险的覆盖范围。从对健康保险的评价上看，也不再仅围绕补偿比、居民自付支出等指标，而要探索一套综合纳入健康产出的效果评价指标。从健康保险的主体上看，居民不仅仅是保险的补偿对象，也是健康价值的创造者，引导居民积极参与健康决策，关注健康保险的长期效果，从而达到价值共创的目标。

参考文献

[1] Mark V P. The economics of moral hazard: comment[J]. The American Economic Review,1968,58(3): 531-537.

[2] Stiglitz J E. Incentives and risk sharing in sharecropping[J]. Review of Economics Studies,1974, 41(2):219-255.

[3] 安华. 国家治理现代化视角下的社会保障治理:理念、目标与机制[J]. 内蒙古社会科学(汉文版),2016, 37(5): 26-32.

[4] 曹锦丹,兰雪,邹男男. 健康风险认知与信息交互行为关联模型研究[J]. 图书情报工作,2019,63(6):12-19.

[5] 曾庆胜,张学武. 信息化支撑下的医防融合[J]. 中国数字医学,2018,13(2):110-112.

[6] 陈诚,季壮. 人民花钱少了基层医生笑了——阜南医共体改革有效破解看病难看病贵[J]. 紫光阁, 2018 (6): 51-52.

[7] 陈惠芳,徐卫国. 价值共创视角下互联网医疗服务模式研究[J]. 现代管理科学,2016(3): 30-32.

[8] 邓明,张柠. 美国捆绑式支付方式对完善我国连续性医疗服务体系的启示[J]. 中国卫生经济,2019,38(2):94-96.

[9] 冯昌琪,陈文,汪月,等. 分级诊疗管理信息系统基本功能的设计研究[J]. 卫生软科学,2018,32(7):35-40.

[10] 顾昕. 走向全民覆盖:金砖五国健保筹资体系的制度与治理变革[J]. 天津行政学院学报, 2017(6):87-95,2.

[11] 顾昕. 走向全民健康保险:论中国医疗保障制度的转型[J]. 中国行政管理,2012(8): 64-69.

[12] 李成威. 公共产品的需求与供给——基于评价与激励理论的分

析框架[J].财政研究,2005(5):30-32.

[13] 林斌.科技保险中风险决策偏好、风险分担与组织绩效之关系研究[D].福州:福州大学,2014.

[14] 陆世宏.协同治理与和谐社会的构建[J].广西民族大学学报(哲学社会科学版),2006,28(6):109-113.

[15] 孙菊.全民覆盖视角下的韩国医疗保险制度研究[J].武汉大学学报(哲学社会科学版),2013(6):83-89.

[16] 谭中和.如何建立公平可持续的医疗保障体系——以推进城乡医保整合为契机[J].中国医疗保险,2018(8):6-9.

[17] 汪彦辉,王萱萱,贾欣欣,等.我国实现全民健康覆盖目标的策略建议[J].南京医科大学学报(社会科学版),2015(3):176-181.

[18] 王治军,王沁.健康保险概念辨析与理论综述[J].中国卫生政策研究,2016(8):55-60.

[19] 魏来.整合型医疗服务系统构建研究[J].中国卫生政策研究,2018(10):1-11.

[20] 杨志平,刘运芳,樊代明.用整合医学建设新型全科医生队伍[J].中国卫生质量管理,2017(6):113-116.

[21] 喻华锋.我国医疗保障制度引入市场机制改革研究[D].北京:中国社会科学院研究生院,2017.

[22] 岳云康.我国中西部地区社会医疗保险需求与供给均衡分析[J].中国卫生经济,2011(2):26-29.

[23] 臧国尧,方力争,陈丽英,等.基于区域信息化平台的以全科医生团队为基础的分级诊疗模式研究[J].中国全科医学,2018(16):1923-1926.

[24] 张洽,王春光,刘永立."深化医改,分级诊疗"政策下全科医学人才培养的探讨[J].全科医学临床与教育,2019(2):97-99.
[25] 张晓,刘蓉,胡汉辉.建立与经济增长同步的医疗保险筹资机制[J].中国医疗保险,2011(1):25-29.
[26] 张研.以健康为中心的健康保障体系制度探析[N].中国人口报,2019-03-01(003).
[27] 赵新娥.项目投资风险传导及柔性管理研究[J].武汉理工大学学报(信息与管理工程版),2010(2):315-319.
[28] 赵允伍,王珩,李念念,等.医疗服务连续性对分级诊疗的影响机制研究[J].卫生经济研究,2016(5):6-9.
[29] 周玉萍.中国健康保险制度研究[D].武汉:武汉大学,2013.
[30] 朱晓丽.美国基于整合医疗服务的医保支付方式改革经验及启示[J].中国物价,2019(1):89-91.

(高红霞)

CHAPTER 3

第三章

基于善治的健康保险治理

党的十八届三中全会公报指出，我国全面深化改革的总目标是完善和发展中国特色社会主义制度，推进国家治理体系和治理能力现代化。“治理”思想融入国家战略层面，成为引领中华民族实现伟大复兴、实现中国梦的总方针和行动纲领，也是国家公共事业发展与改革的核心力量。于健康体系而言，从“管理”向“治理”的转变，既是国际趋势，也是制度、体系改革中体现民主与现代化的新思路，对于提升改革效能、转变改革中的利益主体不良行为具有十分重要的作用。健康保险制度作为国民健康保障体系的核心制度，其治理无疑是非常核心的组成部分之一，关系到健康中国的建设进程。那么，究竟何为健康保险的治理？为什么是治理而不是管理？健康保险治理制度应如何设计？应如何推进实践？有何技术支撑？本章节将针对这些问题，从理论基础、目标、框架设计等方面逐一阐释。

第一节
健康保险治理的理论基础与目标

一、健康保险治理的理论基础

（一）“管理”与“治理”

在以往对国家与社会、国家与人民关系的阐述中，以“管理”居多。所谓管理，是指管理主体组织并利用其各个要素（人、财、物、信息和时空），借助管理手段，完成该组织目标的过程。这一管理主体，即为政府。而治理，全球治理委员会将其定义为或公或私的个人和机构经营管理相同事务的诸多方式的总和，它是使相互冲突或不同的利益得以调和并且采取联合行动的持续的过程，包括有权迫使人们服从的正式机构和规章制度，以及种种非正式安排。治理不是一套规则条例，也不是一种活动，而是一个过程；治理的建立不以支配为基础，而以调和为基础；治理同时涉及公、私部门；治理并不意味着一种正式制度，而有赖于持续的相互作用。

国内外实践证明，从“管理”到“治理”的转变，是社会公共事业发展的必然。例如，国外在水污染治理中强调，从整体上把握水污染治理，设立流域水资源管理协调与咨询机构，实现水污染治理机构组成的多元化与水资源管理体制的多层次，同时鼓励消费者协会参与水资源管理，公众参与水资源保护，并注重水资源开发利用的市场化。在国内，环境管理的范式也经历了从管理到参与式管理，再到治理的变迁过程，该变迁以渐进变迁和多模型的渐次发展为特征。传统环境管理主要聚焦于解决政府集体行动问题；参与式管理开始重视地方政府的作用和激发公众参与环保的积极性；环境治理则强调除政府和产权安排外的多元社会主体的作用，并进一步发展了自治、专家学者参与、民间组织（或非政府组织）参与、公民参与、企业参与等各种专门化治理模型和强调多个社会主体合作的多元协作或协同治理模型。多元主体的环境治理范式，大大提高了环境治理的效率，促进了环境生态系统的稳定，维护了公平与公正。

从“管理”向“治理”的转变，是社会发展在理念上的进步与创新：社会治理的主体由单一政府转变为由政府、社会组织、公民等组成的多元主体，各主体在功能上互相补充、相辅相成，在工作中互相监督。在治理的模式下，群众有了更多的发言权，更能体现出公平、公正，同时也能减少官僚主义、减少负外部性等，提升治理效率。同时，从方式上，从“自上而下”转变为“上下互动”，在市场原则、公共利益和社会认同的基础上，进行合作、协商、建立伙伴关系、确立共同的目标等，实现各方主体利益均衡，有利于公共政策目标的落地。

（二）善治理论

20世纪90年代初，西方学术界出现了善治（good governance）这一学术术语。治理的目的是在满足各参与主体利益的同时，实现社会发展和公共利益的最大化，善治则是指面向公共利益最大化的社会管理过程，来源于善政（good government）。善治的本质在于政府与公民对公共生活的合作管理，是国家权力向社会的回归，是一个还政于民的过程。善治是新公共管理运动、新公共服务运动、政府再造理论的发展与延伸。要实现善治需要坚持以下理念：坚持以人民为中心，实现公共利益的最大化；加强政府部门与社会组织间的协同合作；强调信息公开透明；推进治理手段和方式的多元化。受此启发，社会共治理论应运而生，其对善治理论进行了深化，提出为了满足人民群众的需求，有效解决社会问题，政府部门再也不能垄断公共服务资源，需要不断向社会主体赋权。善治有以下几个关键要素：①公民安全得到保障，法律得到尊重；②公共机构进行有效的行政管理；③政治领导人实行职责和责任制；④具有政治透明性。

社会共治强调政府、市场、社会组织、公民等社会服务参与主体，通过竞争、合作与对话的方式达成共识，不断妥协与谈判以最终形成集体行动，来解决公共问题或提供公共服务。王春婷（2017）指出，社会共治的结果是在赋权和不断地相互融合过程中，改变进入者最初的动机和行为模式，使社会资源增加、社会系统中熵不断减少，营造政府与社会共同参与的共治格局。习近平总书记在党的十九大报告中明确要求：打造共建共治共享的社会治理格局。这为新时代社会治理机制创新和体系完善指明了方向，为健康保险治理制度的构建奠定了理论基础。

（三）新公共服务理论

新公共服务理论是由罗伯特·B. 登哈特、珍妮·V. 登哈特等西方公共行政学者提出的一套公共行政理论，旨在强调公共行政在以公民为中心的治理系统中所扮演的角色。新公共服务理论有几个核心观点：①政府的责任不是掌舵，而是服务。政府需要帮助公民明白自身权利，并满足公民的共享利益，而不是试图控制和为社会发展的新方向掌舵。②政府的主要目的和任务是提供公共利益和公共服务，但政府自己不参与生产或垄断公共服务的提供。这一原则强调社会价值观的转变，需要建立社会的远见和洞察力，而不仅是依靠领导层或行政人员的远见。③战略性的思考，民主的行为。政府在制定政策和项目的过程中，效率和责任体现在满足公民的需要上，强调政府的回应性强，也强调社会协作、目标一致。④为公民而不是顾客提供公共服务，公共利益产生了关于价值共享的对话，而不是个体私利的集合，政府需要与公民建立一种协作与信任的关系。⑤并非简单的责任与义务。政策需要从市场、法律条文、社会价值、政治规范、专业标准和公民利益多个角度出发来制定。⑥重视公民，而不仅仅将公民看成生产力。公共部门在尊重公民的基础上，强调协作和共享公共政策的制定。⑦重视公民关系，通过政府为公民提供公共服务，使政府、服务机构牢记如何为社会提供有意义的贡献，更好地提升公共利益。

新公共服务理论对我国健康保险体系的构建提供了借鉴与指导。①强调公民健康权的维护，健康保险的核心功能是要维护居民健康，居民在利用健康保险的过程中，具有自由选择的权利。②政府需要与医疗机构、医疗保险机构、社会等协调配合，供、需、政、保四方联动，共同创造最大的社会价值。③政府在制定政策时，需要精确识别把控居民的健康需求，以社会价值为基础，在满足居民健康需求的前提下，引导需求的合理化，并开发居民的隐性需要（尚未转变成合理需求的健康需要），并将其转化为需求。

（四）相关理论对健康保险治理的启示

国内外公共事业管理在理论上不断完善和发展，管理工具也在升级，治理逐步成为公共事业管理的核心手段。因此，健康保险的治理，与国内外公共事业管理的理论与实践发展是相适应的。

无论是“治理”还是“善治”，都强调公民权利的维护，强调多元主体的参与，强调监管的联动，也强调公民的参与。从医疗保险的角度，其在管理过程中的供需道德风险、医疗保险基金的低效使用等，都充分证明医疗保险需要实现从“管理”到“治理”的转变。而健康保险涉及的主体更多，因此，对于“治理”尤其是“善治”的需求也更为关键和迫切。①健康保险需要时刻以维护居民健康为首要责任，兼顾效率与公平。②健康保险体系内外，政府、医疗保险机构、医疗机构、医药企业、社会与居民应维持协同、兼容的关系，互相监管，以主体自发、主动的方式，减少健康保险体系运行中的不良/风险行为，提升健康保险体系的管理与运行效率，更重要的是促进整个健康保险体系的良性运作，提升国民健康水平。③国内外治理技术不断革新，对健康保险治理的技术手段提出了更高要求，包括治理思路的革新、治理人员综合能力的提升、信息技术或大数据的使用等。

二、健康保险治理的目标

健康保险治理是在维护居民健康的总体目标下，通过多元主体的共同参与，在满足各主体利益的同时，促使各方目标协同、方向一致，并规范各主体行为，达到善治的目标。治理过程中强调各主体具有同等的地位，并突出目标一致、各司其职。

（一）明确健康保险的健康维护功能

在传统社会里健康问题一直被认为是个人问题，应由个人来解决。健康问题由个人责任上升到国家责任经历了从私权向社会权的演变。健康权真正被视为一种社会权范畴的积极权利，是在人权概念形成之后，受古典个人自由主义法哲学、功利主义经济学的影响，在工业革命、卫生革命和公共卫生学发展的直接推动下形成的。1948 年联合国《世界人权宣言》、1966 年联合国《经济、社会及文化权利国际公约》、1978 年国际初级卫生保健大会《阿拉木图宣言》均明确了健康权作为基本人权的地位。世界卫生组织 2015 年发布《以人为本的整合型卫生服务全球战略》，倡导以人为本提供卫生服务，主张在提供卫生服务时充分体现人权，呼吁从服务、管理和资金提供层面转变卫生服务的基本模式，实现以疾病预防为主，以社区为基础、满足人的需求为核心的安全、优质、可负担的卫生服务。健康权也是《经济、社会及文化权利国际公约》规定的一项基本人权，具有以积极性为主兼有消极性的宪法权利属性。同时，《"健康中国 2030"规划纲要》提出，要全方位全周期维护和保障人民健康。

健康保险作为分担居民健康风险的核心力量，在维护公民健康权这一基本人权上，发挥着举足轻重的作用。健康保险治理的目标之一，就是要从法律的角度尤其是从国家高级别法律（如宪法、社会保险法等）的角度，明确健康权是公民的基本人权之一，并界定好健康保险维护公民健康的基本职能。同时，健康保险治理也需要为健康保险分担健康风险而不仅仅是医疗风险这一功能定位提供充足的法律保障和国家政策框架。此外，还需要对健康服务体系的功能定位进行法律界定和提供政策基础，使健康保险体系与健康服务体系相融合，实现二者协同维护健康时有法可依、有理有据。

（二）助力多元协同的健康筹资体系构建

尊重、保障和实现健康权，需要建立多元化的健康筹资渠道。健康筹资主要来自政府的直接投入、税收、社会保险、个人自付以及国际援助等。国家是健康权的义务主体，在健康筹资体系的构建与完善中扮演着至关重要的角色。健康筹资的核心目标是确保公民能公平地享受健康服务，这其中，健康保险又是降低公民健康风险的中坚力量。同时，健康保险资金始终有限，健康风险的降低、健康权的维护，既需要政府合理投入，又需要社会各界共同承担起维护健康的使命，更需要公民自身的健康维护行动，这也是对“健康入万策”的响应。此外，健康保险内部筹资体系，也是包含个人、家庭、社会、政府在内的多元筹资体系。因此，构建一个多元协同的健康筹资体系至关重要，这是健康保险治理的又一重要目标，即通过政府的合理规划与统筹安排、社会各界力量的共同参与，构建以健康保险体系为核心、源自不同筹资主体、具备不同特征并协同配合的复合式健康筹资体系，并确保资金能公平、高效、可持续使用，最大化地分担公民健康风险，维护公民健康权。

（三）促进相关利益主体的目标协同

在医疗保险迈向健康保险的过程中，随着医疗保险话语权的不断增强，其面临的利益主体愈发复杂。健康服务提供系统不仅包含医疗服务系统、药品供应保障系统，还应包含预防保健康复系统，是在新形势下“医防”融合式的全新模式。健康保险作为健康服务购买者，所面临的利益主体包含医疗机构、药品生产流通部门、药店、预防保健及康复部门、健康服务提供人员以及参保人等。我国多年来一直探索医疗、医疗保险、医药"三医"如何能"联动"运行，如今，在面临更多的利益主体与更复杂的利益诉求下，主体之间如何能联动协同，如何确保维护国民健康这一目标的一致性，实现"价值共创"，这些是健康保险体系亟待解决的重大问题。这一问题的解决基础，便是运用善治的思想，构建有效的健康保险治理体系。

具体而言，需要根据社会保险权利与义务对等的原则，积极推动公众参与健康保险治理，通过平等的协商谈判机制、契约（协议）管理机制、健康风险分担机制以及第三方监督机制，激发医疗机构、医务人员、医药企业、保险机构、参保人以及其他利益相关方的积极性，构建互利共赢、共享发展的新机制。根据健康中国建设的发展需要，理顺并完善管理体制和服务体系，切实发挥健康保险在健康服务供给、质量优化、费用控制中的杠杆作用，同时促使各利益主体在实现自身利益的同时，将目标导向指向公民健康，以最大化发挥健康保险维护公民健康的功能。

（四）规范相关利益主体的行为

健康保险治理的另一目标，是规范各利益主体的行为。健康保险在运行过程中，会面临来自健康保险机构及经办人员、健康服务机构及人员、医药企业及人员、参保人的多种不合理行为带来的问题。如在服务利用过程中，服务供需双方均可能出现道德风险行为、欺诈行为；在承保方和投保方，也存在逆向选择和风险选择行为。2010年世界卫生组织报告指出，健康保险体系最终不应存在逆向选择和风险选择行为，应做到应保尽保。

目前我国基本医疗保险体系已经基本实现全民覆盖，下一步则是要形成具有强制性的、保障国民健康权益并能高效运转的基本健康保险体系。需要通过健康保险体系的有效治理，规避健康保险的逆向选择和风险选择行为以及健康服务利用中的道德损害；医疗保障局作为政府制定部分规章制度的代言人，需要构建透明化、多方参与的决策与执行机制。例如，药品目录的形成、健康保险基金配置等，需要广泛征询社会意见，体现民主与共治理念；通过健康保险支付制度的优化、服务包设计以及权责对等机制的完善，引导供需双方服务提供与利用行为趋于合理，并通过共治型监管体系的构建与法律工具的支持，进一步规范行为；实现健康服务保障契约化，如药品供应问题，健康保险需要基于严格的契约确保药品能够及时供应，同时，健康保险购买服务也需要及时、充分地按照合同约定履行，为服务供应系统提供合法、充足的资金保证，确保生产要素的供给，并充分体现各方权责利的均衡。

（五）维护健康保险基金安全

健康保险基金有限，且可能面临利益主体不良行为带来的风险冲击，因此，需要通过健康保险治理，维持健康保险基金的安全性。与传统医疗保险通过各种控费措施维持医疗保险基金安全不同的是，健康保险治理，一方面，需要通过协同多元主体参与监督管理，理顺健康服务价格，切实减轻患者就医负担，提升治理的透明度，并提升治理的效率，从而提升健康保险基金的安全性；另一方面，是通过各方利益的合理满足与目标趋同，来促使各方主动维护居民健康，通过提升健康服务质量与公平的方式减少健康保险基金的浪费，进一步提升健康保险基金的安全性。需要明确的是，维护健康保险基金的安全，不仅需要维护基金收支平衡，而且需要在治理过程中，以健康保险基金所购买的健康服务实际创造的健康价值为基础，建立更为科学的基金考核评价体系，并结合健康保险基金与政府投入，为健康服务质量的提升提供激励。

第二节 我国现行医疗保险管理体制与机制

当前我国医疗保险处于转型期，治理理念在医疗保险转型过程中，已经有了初步的体现，如法律体系的完善、体制的整合、平等协商与招标采购机制的确定等，但无论是在医疗保险体系内部，还是从各方利益主体而言，治理的理念仍体现不足，治理的功能也尚未充分发挥。本节重点剖析当前我国医疗保险的管理体制与机制，明确当前医疗保险管理与健康治理之间存在的差距，为健康保险治理框架的设计奠定基础。

一、我国医疗保险管理体制与机制的发展

经过多年的探索实践，我国已经建立起覆盖全民的基本医疗保险体系。就医疗保险管理而言，我国也在不断探索和完善从管理向治理转型的内容与模式。

（一）医疗保险管理逐步走向法制化

多年来，医疗保险在运行过程中始终面临来自不同主体的道德风险甚至是违法行为，严重损害医疗保险基金的安全，降低了参保人的获得感。如：医疗机构挂床现象突出，医疗机构、参保人骗保套保，甚至存在医疗保险经办机构监守自盗的问题；药品价格与医疗服务价格倒挂；医疗保险医师滥用处方权，辅助用药、目录外用药现象严重；冒用医疗保险医师资格，盗刷医疗保险卡；医疗保险基金管理粗放，分配和划拨

医疗保险基金存在诸多任意性，医疗保险部门长期拖欠医疗机构资金常态化等。针对这些问题，相关部门不断完善相关制度，并促使管理逐步走向法制化。

自2018年以来，医疗保险部门加大了对医疗保险定点机构和相关人员的监管，根据相关法律法规，2018年9月起，国家医疗保障局联合卫生健康委员会等6部门在全国范围内开展“打击欺诈骗保专项行动”，这是医疗保险制度建立以来第一次专门打击欺诈骗保行为的全国性专项行动。随后央视曝光“沈阳骗保案”，国家医疗保障局在各地自查的基础上迅速开展了自查“回头看”，并公布全国打击欺诈骗保举报电话，印发《欺诈骗取医疗保障基金行为举报奖励暂行办法》，进一步打击骗保行为。2019年初，国家医疗保障局开始尝试引入其他部门参与监督管理的办法和操作路径，探索以飞行检查、结合第三方审查的形式进行强化监管。2019年3月18日，国家医疗保障局、天津市人民政府联合举办“打击欺诈骗保维护基金安全”集中宣传月启动仪式，明确在未来1个月里在全国各地启动相关工作，自上而下发动一场打击欺诈骗保的“人民战争”，将监管医疗保险基金的力量从监管和经办人员扩展到广大人民群众。4月11日，国家医疗保障局正式公布了《医疗保障基金使用监管条例（征求意见稿）》，面向社会公开征求意见，标志着医疗保险基金监管工作前进了一大步。

（二）管理体制的变革：从分散到集中

2017年6月，国务院办公厅颁布《关于进一步深化基本医疗保险支付方式改革的指导意见》，提出健全医疗保险支付机制和利益调控机制，实行精细化管理，激发医疗机构规范行为、控制成本、合理收治和转诊患者的内生动力，引导医疗资源合理配置和患者有序就医，支持建立分级诊疗模式和基层医疗卫生机构健康发展，切实保障广大参保人基本医疗权益和医疗保险制度长期可持续发展。2018年3月，十三届全国人大一次会议表决通过了关于国务院机构改革方案的决定，组建中华人民共和国国家医疗保障局。国家医疗保障局的成立极大程度上促进了这一文件的落实，也标志着我国医药卫生体制改革进入了一个新阶段，并进一步明确了我国医疗保障的主体制度模式是社会医疗保险模式。社会医疗保险的制度安排要求社会化的治理模式，在处理医疗保险与服务供方的关系上以购买服务为主，与服务供方形成平等的社会交易关系。由此，也必然要求供方的多元供给与竞争。

国家医疗保障局作为政府部门，对医疗服务体系的发展与卫生资源的配置可起到决定性作用，其成立对于药品和器械的市场准入、药品和医疗服务价格，都会产生重大影响。但是这并不意味着行政化的医药卫生市场管理会被进一步加强，而是为市场的有序、规范以及居民利益的最大化提供了更多的可能性。主要原因有以下几点。

(1) 国家医疗保障局是一个独立的责任整合后的机构，与国家卫生健康委员会平级。高规格的行政设置，为部门之间相互制衡提供了条件。除有自身的制度/政策目标、任务和责任外，其还有特定的管理运行及治理模式与机制，是着眼于长远目标的具有大格局的改体制、改治理，是真正针对体制和机制制约的解决办法。

(2) 由国家医疗保障局接手药品招标采购，一方面体现了“谁付费、谁操盘”，另一方面，在现实的医疗保险基金下，将采取药品中标价格与医疗保险支付标准紧密捆绑，以实现各方利益最大化。在这种情况下，医院或者医联体可以根据医疗保险支付标准，对药价进行谈判，也可以委托第三方平台、各地医疗保障局进行药价谈判。最终的目的，则是在医疗保险支付标准的基础上，降低药价，实现利益的最大化。

（3）从职能来看，国家医疗保障局负责组织制定医疗保障筹资和待遇政策，完善动态调整和区域调剂平衡机制，统筹城乡医疗保障待遇标准，建立健全与筹资水平相适应的待遇调整机制；组织制定城乡统一的药品、医用耗材、医疗服务项目、医疗服务设施等医疗保险目录和支付标准，建立动态调整机制，制定医疗保险目录准入谈判规则并组织实施；组织制定药品、医用耗材价格和医疗服务项目、医疗服务设施收费等政策，建立医疗保险支付医药服务价格合理确定和动态调整机制，推动建立市场主导的社会医药服务价格形成机制，建立价格信息监测和信息发布制度；制定药品、医用耗材的招标采购政策并监督实施，指导药品、医用耗材招标采购平台建设；制定定点医药机构协议和支付管理办法并组织实施，建立健全医疗保障信用评价体系和信息披露制度，监督管理纳入医疗保险范围内的医疗服务行为和医疗费用，依法查处医疗保障领域违法违规行为。

（三）新型管理机制的建立

1. 谈判协商机制

我国医疗保险经办机构通过多年实践，已经逐步建立起与医疗机构、医药体系的平等谈判协商机制。

传统医疗保险经办机构主要与医疗机构谈判协商服务价格，并向医疗机构购买医疗服务，包含药品、检查等，并通过相关的监管机制，维持医疗保险基金的安全性。随着医疗保险功能的完善，医疗保险经办机构与医疗机构的关系正逐渐发生变化，在购买服务过程中，除了医疗相关服务，亦拓展到预防、健康管理等服务范畴，即健康相关服务，支付方式的多样性亦改变医疗保险经办机构与医疗机构的关系。例如，安徽省的医共体按人头总额预付，医疗保险基金已经交给医共体，医疗保险基金转换为医院成本，医疗保险经办机构主要承担监管者、统筹者的职能。

传统医疗保险与医药体系的联系主要体现在医疗保险经办机构与药品供应商的谈判机制上，具象化结果是以医院和药店为服务载体的费用支付。随着改革的深化，医疗保险经办机构在医药体系中的职能越来越丰富，例如参与药品招标采购，监督药品流通环节，并通过谈判确定药品支付标准，最后与药品供应商直接结算。医疗保险经办机构一方面可以通过对医院、医生的支付和监管，来影响药品服务的种类、价格和数量；另一方面也可以通过直接采购、谈判药品支付标准等方式，影响药品供给的质量、数量和价格，从而引导药品市场供方的行为。

在建立药品价格谈判机制的政策环境基础上，新医改方案提出，要积极探索建立医疗保险经办机构与医疗机构、药品供应商的谈判机制，发挥医疗保障对医疗服务和药品费用的制约作用。自2009年国家基本药物制度实施以来，我国基本药物招标的主体是卫生行政部门，而基本药物的付费方为医疗保险部门。医疗保险部门购买医疗服务，医疗机构负责供给医疗服务，其与医疗保险部门之间通过医药费用支付产生财务关系，两者之间是一种博弈关系，并非利益共同体。根据此经验，我国基本药物费用超支的承担者为医疗保险部门，因此卫生行政部门作为招标主体是不合理的。正是因为医疗保险部门承担基本药物费用，由其作为利益代表者负责基本药物的招标采购，可以强化基本药物费用控制。让医疗保险部门成为基本药物招标的主体有利于医疗保险部门与医疗机构和企业就药品价格进行谈判，也有利于对基本药物费用进行测算，实施带量采购。

以上海市为例，近年来，上海市创建医疗保险预算管理谈判新机制，探索医疗保险统筹组织、医院自主协商的工作新模式，简政放权、放管结合、优化服务，进一步提高政策内容的公正性、管理流程的规范性和工作机制的协同性。上海市医疗保险定点医院共有500多家，难以实施一对一的协商谈判。在原有管理模式基础上提出渐进式改革办法，适当选取典型医院开展协商谈判，协商代表覆盖不同级别、不同类别、不同隶属关系的医院。为充分保障医院代表话语权，在医院代表中组织推荐具有丰富医院行政管理经验和统筹协调能力者担任组长，委托组长组织开展协商谈判。通过充分调研、征求意见、协调沟通，组长的组织工作为协商谈判奠定了良好基础，提高了各方对协商谈判结果的接受程度。

2. 监管评价机制

随着医疗保险体系管理格局的优化与监管技术的革新，我国医疗保险监管评价体系不断完善。

除了法律的完善，在监管机构层面，各部门职能逐步明晰。根据《人力资源社会保障部关于进一步加强基本医疗保险医疗服务监管的意见》(人社部发〔2014〕54号)、《人力资源社会保障部关于完善基本医疗保险定点医药机构协议管理的指导意见》(人社部发〔2015〕98号)等文件的精神和医疗保险监督工作实际，经办机构要加强对医疗保险定点医药机构申报医疗费用的审核，加大对执行定点协议、医疗保险医疗费用支付等情况的稽核力度；行政部门应加强对医疗保险定点医药机构执行医疗保险政策法规、履行服务协议情况以及各项监管制度落实情况的监督检查。在处理方式上，经办机构的主要手段是根据医疗保险服务协议，扣除相关不合理及违规费用，处以一定倍数违约金，并根据违约情节轻重，予以限期整改、暂停支付、暂停协议(资格)、终止协议(资格)等处理；行政部门主要提出整改意见，并依法做出行政处罚决定；涉及其他行政部门职责的，移交相关部门；涉嫌犯罪的，移送公安机关。

在监管手段上，结合大数据的推进，逐步实现监管精细化，对医疗保险利用中的违规行为及时发现、及时处理，将事后监管逐步转变为事前和事中监管。如天津市建立患者指纹确认制度，并设置录像监控，确保诊室问诊和医疗保险支付系统的一致性，以防止冒名就医；建立医疗机构、药店药品网上备案制度，以防止医药机构串药、以物充药；建立电子外购处方，防止定点药店编造外购处方等。江苏省无锡市构建了医疗保险事后经办中心端、事中自律医院端和事前提醒医生端三个监控平台端口。经办中心端负责事后数据筛选，进行大数据分析和发现违规数据；医院端通过接受经办中心端发布的监控规则，实现医院自律；医生端通过医生工作站与监控服务相对接，实现事前提醒。2013 年以来，成都市以实现医疗保险精确管理和可持续发展为目标，以信息化建设为抓手，全力推进以智能辅助审核、实时在线监控、廉政风险防控、社会监督、个人权益维护等五大子系统为主的医疗保险信息系统建设，初步实现医疗保险管理由人工监管向智能监管，随机抽查向全面覆盖，事后审查向事前预防、事中监控、事后追责，自体监督向自体和异体监督相结合的转变，医疗保险治理能力得到明显提升。

3．激励约束机制

医疗保险制度建立以来，医疗保险支付方式改革在价值取向上从关注医院、医生到患者体验，经历了数量付费、质量付费和价值付费三大发展阶段。2017 年 6 月，国务院办公厅发布《关于进一步深化基本医疗保险支付方式改革的指导意见》，标志着我国医疗保险支付逐步走向科学化、精细化管理时期。医疗保险通过支付标准和支付方式的改进，形成以内生动力引导医疗服务供方提升服务合理性的激励约束机制，其重要手段是后付制向预付制的转变以及医疗保险总额预付制与按病种付费等精细化支付制度结合，促使医疗机构主动提升服务质量，节省医疗费用并维护居民健康。许多地区探索以医疗保险基金打包支付为纽带，以医联体/医共体为载体，“总额管理、结余留用、合理超支分担”的激励约束机制。这一举措的核心是将医疗机构由“利润中心”转变为“成本中心”，大大提升了医疗机构的成本节约意识。为了增加结余，牵头医院主动将基层能诊治的患者下沉，同时，各级医疗机构均提升服务质量，减少患者外流，并做好健康管理相关服务。医疗保险支付逐步体现了价值导向，既节约了医疗费用，也促进了医疗和预防康复的有机融合。

二、我国当前医疗保险管理存在的问题

(一)法律对健康权的维护及健康保险治理的功能界定存在不足

尽管我国已经逐步建立起惩治医疗保险基金使用中欺诈行为的法律体系，但就健康保险的治理整体而言，法律体系仍有待完善。

首先，当前我国高级别法律(如《宪法》《社会保险法》)层面，对公民健康权的维护重视不足，2019 年公布的《中华人民共和国基本医疗卫生与健康促进法》明确规定了健康是人的基本权益，但仅有笼统规定还不够，与健康中国战略存在差距，未来需要将这一理念进一步融入相关政策法规中。

其次，当前相关法律对于健康服务和健康保障的界定，仍然立足于医疗服务过程中的不良行为纠正，而没有着眼于健康和覆盖全生命周期，以及促进各方行为维护公民健康；没有明确将健康保险界定为公民健康维护的基础工具之一，使得健康保险在发挥部分功能时发力不足。

再次，对医疗保险经办机构与行政部门的监管立法不足。医疗保

险基金的内部运转、医疗保险保障范围的确定等，缺乏透明度，作为基金管理者，在缺乏监督和约束的状况下，其可能会出现挪用基金和不合理使用基金的问题，在医疗保险基金的支付过程中，也可能存在不正当的利益关系，对于这些不合理行为，目前缺乏监管的法律条文。

最后，治理强调共治，即多方利益主体的参与，但目前来看，医疗保险从筹资、支付、补偿，再具体到医疗保险报销目录、补偿水平的确定等，主要还是医疗保险部门和卫生行政部门在主导，医药企业、医疗机构参与不足，社会大众作为政策受体以及最广大的受益者，参与更是不足。而目前对于多方利益主体参与的治理体系构建，没有明确的、具有国家威信力的法律条文作为支撑，无法为社会共治的健康保险体系提供充足的法律基础。

（二）健康保险从管理走向治理还需克服一些困难

1. 功能较为局限：以监管为主

医疗保险从筹资到使用的过程十分复杂，存在千丝万缕的利益关系，且多年来，医疗保险在政策调整过程中，始终面临着“上有政策下有对策”的现实局面，因此，医疗保险部门不得不耗费大量的时间、精力去应对医疗保险运行过程中的不合理行为，采取了多重、多元的举措监管医疗保险基金的运行，维系医疗保险基金安全。这样的医疗保险管理体系，不仅自身存在明显的局限性，而且与“治理”之间存在着明显差距：首先，医疗保险管理绝不只是监管问题，它涉及不良行为的纠正、医疗保险基金使用效率的提升与公平性的促进等，是集法律体系、部门或机构关系、基金使用于一体的多元主体行为；其次，医疗保险转型为健康保险的过程中，要促进医疗保险健康维护功能的实现，必须融合医疗保险、卫生行政主管部门、医药企业、医疗机构与社会大众的力量，在共同目标的指引下，用透明化的制度、先进的手段，将健康保险基金的作用最大化。

2. 通道不够健全：共赢受阻

健康保险治理需要多元主体共同参与，协同推进，其协同的基础是各主体合理利益的满足，即在促进参保人健康的前提下，实现多方共赢。但目前来看，这一共赢局面的形成还面临诸多阻力。

(1) 买卖双方平等谈判机制不健全，权责利对等理念体现不足。健康服务供方合理的成本应该得到有效的补偿，但目前供方多处于被制约的状态，话语权不足。对于药品供应保障体系，招标方式没有考虑其有效成本是否能得以回补；医疗保险在对医疗机构打包付费时，没有考虑付费额度是否能体现医疗机构的服务价值，存在付费不足、激励性不够的问题，医疗机构所提供的服务自然也无法达到期望的成效。

(2) 健康服务融合不足，健康保险支付范围不明晰。尽管国家和各地政府越来越强调医防融合式服务的提供，但在对医疗机构、公共卫生机构以及相应人员的职能界定上，仍然存在概念的混淆、职能的重合与割裂，没有真正将覆盖全生命周期的预防、治疗、康复、护理等服务进行有效衔接与融合，导致医疗保险在购买健康服务时，对于究竟购买哪些服务、如何购买、以多少价格购买，不能合理把控。

(3) 透明度不高，社会共治通道受阻。尽管我国医疗保险基调是采用购买服务、平等交易的社会化治理模式，但多年来，仍主要以行政力量推动，在医疗保险运行中透明度不足。作为基金管理者，医疗保险机构自身缺乏监督和约束，部分医疗保险机构虽然没有明显的违规行为，但以隐性成本增加为特点侵蚀医疗保险基金，表现为医疗保险机构过大、行政人员过多、行政开支过大等。这种医疗保险方的“逆向选择”和道德风险行为，会引发基金支付能力不足、部分人群承担医疗费用比例过重和社会信任危机。这一局面一时难以扭转，同时在国家层面，由于法律和政策不完善，包含参保人在内的社会力量无法真正参与医疗保险运行时的重要决策过程，致使社会共治的理念无法得以充分体现。

（三）管理机制不健全

1．谈判协商机制不健全

尽管我国医疗保险体系已逐渐建立起与医疗机构、医药企业的谈判协商机制，但目前仍处于摸索阶段，谈判协商过程不对等，无法体现公平。因谈判协商的不公平性，政府相关主管部门在制定和完善卫生领域公共政策时无法做出最优决策。例如医疗保险部门与医疗机构、医学专家就病种定价、某项医疗技术是否应该纳入报销范围等展开讨论时，因信息不对称常处于被动位置，这带来了诸多问题，一是对医疗费用猛增缺乏有效控制，二是对医疗保险机构缺乏有效监管，简单地将医疗保险总额在各医疗机构间机械分配，没有发挥医疗保险管理者的作用，损害了医疗机构的积极性。

2．需方参与机制不健全

健全的健康保险治理体系需要需方的充分参与，但目前来看，还未建立起完善的需方参与机制，主要体现在需方对于医疗保险运行中的重要决策参与不足，如药品目录的确定、医疗服务定价、补偿水平的确定等。首先，没有充足的法律和政策背景让居民参与这些重要问题的决策，导致居民即使对相关决策做出响应，也不能得到有效回应或认可；其次，居民参与医疗保险治理时，没有专业、正规的治理渠道，如治理委员会、网络治理平台等，居民意向难以与行政决策融合；再次，需方自身由于专业性缺乏，长期作为政策的被动受体，没有充分的意识和能力参与医疗保险治理。最终的结果则是医疗保险重要决策没有真正体现参保人的健康需求。

3. 服务购买机制不健全

在传统形势下，卫生行政部门不仅是全行业的监管者，而且也是公立医疗机构的所有者和运营者，管办合一、政事合一，形成了行政垄断格局。这种行政化的治理模式要求与筹资方之间形成资金补偿模式，而非服务购买模式。医疗保险部门根据医疗机构的成本消耗由筹资方划拨资金补偿医疗机构，以维持医疗机构的运转。这与平等交易下的战略性购买关系是截然不同的两种模式。

在服务购买模式下，筹资方根据供方竞争以及双方谈判的结果确定支付标准以及均衡价格，服务供方能否实现收支平衡并不会成为筹资方支付标准的影响因素。也就是说，在服务购买模式下，服务供方是否实现收支平衡，以及是否能够维持运转并不是筹资方需要考虑的。如果供方是垄断的，那么医疗保险就无法在不同供方之间进行选择，也就难以实现服务的合理购买。最终的结果只能是转回资金补偿的模式，丧失社会医疗保险的主要特征。

（四）治理基础薄弱

首先，治理体系人力资源匮乏。健康保险治理是集管理、卫生经济、法律、医院管理、卫生统计、信息工程、药物政策等多学科的综合性手段。目前，无论是卫生行政部门，还是医疗保险部门，都存在人力不足的问题：①缺乏具有综合治理理念，熟悉医疗保险相关法律、政策，善于使用医疗大数据进行判断与决策，有很好的政策敏感性，能与时俱进的领导者；②缺乏熟悉与健康保险治理相关的公共管理、法律、卫生经济、医院管理、临床路径、统计分析、信息工程，以及疾病诊断相关组(diagnosis related groups, DRGs)等综合型知识的管理人员；③缺乏能够与医疗机构、医生、医药企业等进行协商沟通，建立平等合作关系的沟通人才；④缺乏善于通过大数据挖掘分析，进行智能审核、医院评价、第三方评估，有效处理信息共享和信息安全的技术人才。

其次，治理技术欠发达。尽管信息化水平逐步提升，大数据分析在国内如火如荼地开展，但如何通过大数据平台完善医疗保险治理体系，缺乏相应的准则和规范化指标。同时，由于地区经济水平、财政投入的差异，信息化水平在各地差异较大，且国内大数据分析平台较多，各地使用维度、标准不一，难以综合，数据质量也存在问题，数据安全无法得到有效保障。

再次，健康权的维护需要健康服务主体协同配合，即促使医疗保险在机制上实现激励服务供方主动维护健康，但若供方健康维护能力不足，仍然无法达到健康保险治理的理想效果。例如当前卫生服务机构尤其是基层医疗卫生机构服务能力普遍缺乏，从人力、设备、技术上都无法为优质的健康服务提供保障，且没有与居民之间形成良性合作的关系，导致医疗保险的健康维护功能发挥严重不足。

第三节 健康保险治理的框架设计

我国全民医疗保险制度已经形成，为减轻患者负担、释放居民健康需求提供了重要基础。随着国民经济水平的提升，医疗保险机构因其强大的基金支付能力，话语权不断提升，为其功能的拓展提供了更多的可能性。在健康中国建设的国家战略下，维护居民健康成为医疗保险的首要功能。维护居民健康功能的实现，非医疗保险单方面力量能够完成，需要以医疗保险为支点，政府、医药企业、医疗机构、医生与居民多方利益主体的共同参与。要促使这种合力的形成，一套有序的健康保险治理体系是必要条件。本节将结合当前健康中国建设的新形势，构建健康保险治理的主体框架，明确其要素，并提出建议。

一、健康保险治理的主体框架

（一）健康保险治理思路

世界银行在强制性医疗保险治理研究中指出医疗保险治理的关键因素，如表 3-1 所示。

表 3-1　医疗保险治理的关键因素

因素	特征
连贯的决策结构	1. 医疗保险目标必须与每家医疗保险体系管理机构的决策权力和能力一致
	2. 所有医疗保险机构均拥有常规风险评估和管理策略
	3. 控制和管理医疗保险机构的成本合理、适当
利益相关方参与	4. 利益相关方在医疗保险实体的治理机构中拥有有效话语权
透明度与信息	5. 医疗保险目标的定义正式、明确
	6. 医疗保险依靠职责清晰、设计合理的机构及法律框架
	7. 信息披露和透明度规则均井井有条
	8. 保护参保人是对医疗保险实体的最低要求
监督与监管	9. 关于遵循、实施和制裁医疗保险监督行为的规则定义明确
	10. 医疗保险实体的财务管理规则得到明确定义和实施
	11. 医疗保险体系的结构适应当前的监督和监控要求
一致性与稳定性	12. 医疗保险体系的主要品质非常稳定

注：引自世界银行东亚与太平洋地区卫生、人口和营养部门《中国卫生政策报告系列三——通向综合的医疗保险体系之路》。

医疗保险公司数量会影响外部监督的主要作用靶点，若存在多家医疗保险公司竞争，外部监督应重点关注消费者保护、包容性以及通过反垄断行为保护竞争机制，可能较少关注效率和管理，但仅存在一家保险公司时，外部监督应确保服务的完整性、质量以及生产力。与此同时，供方和支付方之间的关系会影响治理效果。供方代表加入决策机构所能起到的效果取决于两者之间是敌对关系还是合作关系。如果医疗供方直接受雇于保险公司，监督职能应旨在解决公众服务和劳动规章问题，而对于供方独立运营的国家而言，治理机制需要发挥的作用则是确保价格和付费机制的透明度。

世界银行关于医疗保险治理的关键因素，为我国健康保险治理体系的建立也提供了思路。

（1）明确治理目标：总体目标是维护公民健康权益，在这一目标下，需要维护健康保险基金安全，提升健康保险的公平与效率。

（2）健康保险治理的决策体系：政府为主导，包含医药企业、医疗机构、患者在内的多方主体共同参与决策。

（3）健康保险治理的核心机制：监管机制、部门联动机制、支付激励机制、谈判协商机制。

（4）健康保险治理的特性：透明性、一致性、稳定性。

（5）健康保险治理的支撑体系：法律体系、现代化治理技术。

（二）健康保险治理理念

在健康中国的国家战略引导下，健康保险治理需要树立共享、共建、共治的理念，这是对以往单纯强调鼓励一部分人先富起来的矫正，更是完善国家治理体系和健康保障制度的基石。只有在政府主导下，充分调动各方积极性，让各方主体参与共建、共治，才能实现健康保障制度的公平和可持续发展。传统的医疗保障管理模式完全由行政力量主导制度建设,不仅损害了相关主体的积极性,也易造成制度理性的丧失。未来的调整方向应当是让立法机关、行政机关、司法机关与经办机构各司其职、各负其责。同时,还应当让代表不同群体利益的工会、参保人、医疗机构以及保险机构、科技企业等市场力量参与制度设计,监督制度运行。只有这样,才能确保各方主体有效地参与共建、共治,这是维护制度理性发展的重要条件。

同时,健康保险治理还是一个动态的过程,要求健康保险治理具备一定的自我调节能力,形成促进制度可持续发展的自我调节、改良机制。要实现这个目标,需要改变传统的从上而下的管理模式,引入社会、市场、公众等参与主体,建立一套多方利益主体协同治理的生态系统,构建最广泛的医疗保险利益相关者参与机制和协商机制,面对内外部出现的新形势和新问题,能够进行自我调节,保持制度的稳定性。

总之,建立更加公平、可持续的全民健康保险制度,要有新的理念、全局观、健康观,坚持围绕中心、服务大局的指导思想和工作方针,切实把推进国家治理体系和治理能力现代化作为想问题、定政策、办事情的出发点和落脚点,把完善健康保险治理体系、提高健康保险治理能力作为国家、社会治理体系和治理能力现代化的有机组成部分。

(三)健康保险治理框架

健康保险的治理体系是一套集管理、经济、法律、文化于一体的综合的现代化体系,结合善治理论,需要保证居民合理健康需求得以满足,也需要保证各方在行为规范的前提下实现自身权利。因此,健康保险治理体系不仅要有整体的目标导向,也要保证内部元素的协调与系统性。

图 3-1 展现了健康保险治理体系的主体框架。健康保险治理的主体，包含健康保险部门（经办机构）、卫生行政部门、定点医疗机构/药店、医药体系、除卫生行政部门以外的其他政府部门、社会力量、患者等多个利益相关者。新农合基金的管理可以为健康保险治理提供指导，鉴于合作医疗经办机构既负责筹集又负责审核支付，可能使基金得不到合理运用，因而提出要多方监督基金的使用，因此，新农合基金由农村合作医疗管理委员会及其经办机构进行管理，并在管理委员会认定的国有商业银行设立专用账户，确保基金的安全和完整，建立健全基金管理的规章制度，合理筹集、及时审核支付新农合基金。因此，健康保险在治理过程中，也有必要成立由多方利益主体构成的治理委员会，在确保公正、透明的前提下，促进利益主体自身利益的满足与健康促进目标的协同。

在健康保险治理的机制中，社会共治机制是核心机制，监管机制是

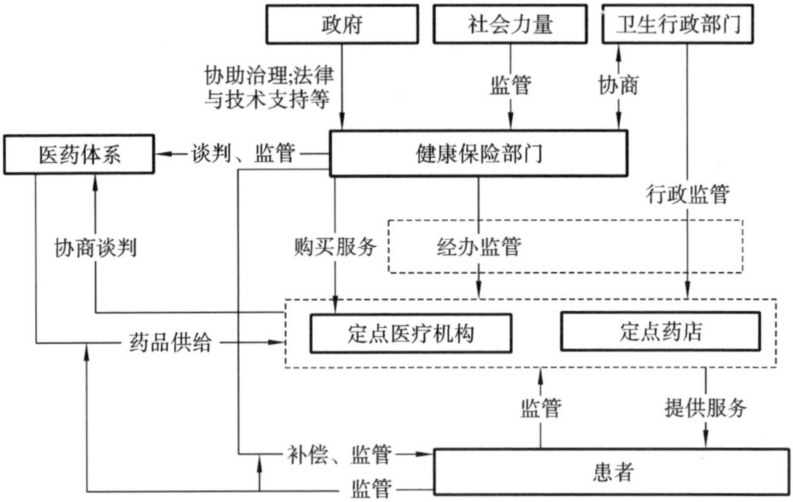

图 3-1　健康保险治理体系的主体框架

重要基础，包含多元主体之间的相互监管，同时，在具体运行中，部门联动机制、健康保险经办管理机制、健康保险支付激励机制、谈判协商机制也十分重要。其中，支付激励机制将在第五、六章具体阐述。

二、健康保险治理的工具选择

公共产品因类型与供给主体的不同，其治理模式存在差异。多年来，治理工具不断更新，使得不同领域、不同公共产品的多元化、现代化治理有了更多的可能性。治理工具的主要类型及特征如表 3-2 所示，各治理工具所针对的客体和治理的强制性、效率、公平存在差异。

表 3-2　治理工具的主要类型及特征

治理工具	特征	分类
组织性工具	具有高度强制性，政府将企业、团体、公民直接纳入组织系统，包括国家计划、政府机构、公共事业、政府间合作等	政府直接生产和提供公共物品，如外交、国防、治安、基础设施等
		政府成立专门的机构或组织提供公共物品，如准政府组织、政府公司和国有企业
管制性工具	以公权力为后盾，通过限制和剥夺相对人的权利和自由等惩戒举措促使标的群体遵守，具有直接性、有效性和公平性	经济管制：政府机关用法律权限，通过许可和认证等对企业准入和退出、价格、服务数量和治疗等加以管制，如我国各地政府对本地出租车价格的管制
		社会管制：以保障公民和消费者利益，对产品和服务的质量和伴随着提供它们产生的各种活动制定标准，禁止、限制经济主体或社会主体对特定行为的管制，如净化空气、水源，保证药物和交通安全等

续表

治理工具	特征	分类
经济性工具	政府通过改变物品的相对价格对群体给予或夺取物质利益，主要表现形式是税收和补助、利率、货币投放量等，适应性强，可见性程度高，效率高，作用结果具有不确定性	正向经济性工具：通过补贴等降低供给不足的公共物品的价格，鼓励社会部门对该公共物品进行供应，如政府对第三部门制定免税和补助的规定
		反向经济性工具：通过直接收费或征税提高供应过剩公共物品的价格，从而减少社会部门对该公共物品的生产和供应，如对污染企业征收排污费，对烟、酒等不益于公众健康的物品课以重税
沟通性工具	具有强制性低、高适应性和自治性、间接性及有效性不足的特点；长期来看，具有强制性且可有效地影响社会民众的思想及行为	舆论宣传：政府有意识地利用大众传播媒介影响公众思想观念和行为
		知识教育：政府通过正式或非正式的教育来传播有关知识，影响公众思想及行为
		信息公开：将有关社会主体的信息公之于众，促使其为维护自身形象而继续保持其积极行为，修正不良作风
程序性工具	通过控制政策制度或过程来间接影响结果，对应的是实质性工具，作用的对象是行政机构、企业、非营利部门等；具有间接性和隐蔽性，其效益、效率等指标难以衡量	信息：肯定（教育、信息提供），否定（宣传、禁止信息公开）
		权威：肯定（贴标签、交涉、政治协议、建立顾问团），否定（对民间协会不予法律保护）
		资材：肯定（建立利益团体、加入和提供研究基金），否定（撤回资金）
		组织：肯定（制度改革、司法审查、会议），否定（行政拖延或捣乱）

健康保险的治理，也需要多种治理工具共同使用：需要组织性和管制性工具，对健康保险中的违法违规行为，通过法律手段等进行制裁，

并需要有相关法律配套，制定制裁措施；通过经济性工具对部分不合规行为主体进行管制；通过沟通性工具如信息透明公开等纠正健康保险运行中的不合理行为，通过宣传、舆论、引导同样有利于促进各方主动维护健康保险基金安全，改善不合理行为。因此，健康保险的治理工具是多种治理手段的组合，且需要随着社会经济水平的提升以及健康保险治理内容的丰富、健康保险功能的完善，进行不断更新。

三、健康保险治理的核心机制与支撑体系

（一）核心机制

1. 社会共治机制

国际医疗保险治理及中国医疗保险发展经验证明，应将政府主导与市场调节机制有机结合，构建一个多层次的、满足广大居民需求的医疗保险体系。市场与政府如何在健康保险领域互补？首先，要认识到市场失灵与政府失灵是客观存在的，政府行政手段与市场机制协同发挥作用，可以更好地保障公民实现健康权。其次，要弄清楚市场机制在健康保险领域中的哪些方面能够发挥作用，哪些方面不能发挥作用。再次，要认识到政府购买服务的形式，不仅可以作用于具有公共物品性质的基本医疗服务，而且在购买具有公共物品性质的社会医疗保险服务方面，可以发挥市场机制作用，提高社会保险的运行效率、服务水平和质量。

基本医疗保险属于准公共物品，基于医疗保险市场面临多重逆向选择和道德风险选择等困境，居民的基本医疗需求理应由政府来满足，政府发挥主导作用，这是由公共物品的属性决定的。因相互割裂的医疗保险管理体制导致医疗保险基金运行的低效，这是政府失灵的表现，

造成了新的不公平。探索政府购买服务、引入竞争机制，可使基金使用效率最大化，不断提升管理效率和服务质量。以政府经办机构为主，辅之以政府购买服务的形式委托商业保险公司参与部分经办服务。目前我国的城乡居民大病医疗保险就由各地商业保险机构承办，做到了管办分开、政事分开，是对政府治理模式的一个有益补充，未来仍需要在健康保险领域探索更多的新的合作形式。

社会共治理论要求社会各方参与健康服务的提供，这就要反思政府主导的医疗保险一元治理模式存在的弊病，在完善政府提供的基本医疗保险的基础上，依靠市场和社会力量发展商业保险，逐步形成由政府、市场、社会组织等组成的多元主体社会共治模式，充分发挥多元主体的自治优势，因为缺乏一定自治权的多元主体无法摆脱自上而下的控制，无法限制公权力的扩张，与社会共治的开放、平等、协商的理念相背离，限制了各主体发挥各自功能和优势，无法实现共治的目标，会重新折回到一元治理模式。总之，健康保险治理千头万绪，涉及政府各相关部门、参保人群、商业保险机构、慈善组织、社会团体等多方利益主体，需相关部门联动达成一致，形成集体行动。

2. 监管机制

在健康保险治理体系中，监管是很重要的部分，包含对定点医疗机构和定点药店的监管、对医药体系的监管、对患者行为的监管和健康保险体系自身的监管。

(1) 对定点医疗机构和定点药店的监管：健康保险体系对定点医疗机构和定点药店的监管主要体现在经办方面，健康保险经办机构对医疗保险定点医疗机构/药店申报医疗费用的审核，以及对执行定点协议、医疗保险医疗费用支付等情况的稽核力度的主要监管手段是根据医疗保险服务协议，扣除相关不合理及违规费用，处以一定倍数违约金，并根据违约情节轻重，予以限期整改、暂停支付、暂停协议（资格）、终止协议（资格）等处理。在工作形式上，经办的监管主要为日常管理。这与卫生行政部门对“两定”机构执行的行政监管有所区别，行政监管主要为医疗保险政策法规、履行服务协议情况以及各项监管制度落实情况的监督检查。

（2）对医药体系的监管：健康保险体系可以通过直接采购、谈判药品支付标准等方式，影响药品供给的质量、数量和价格，从而引导药品市场供方的行为。例如，2018年10月，国家医疗保障局组织专家按程序与部分抗癌药品商家进行谈判，将阿扎胞苷等17种药品纳入《国家基本医疗保险、工伤保险和生育保险药品目录（2017年版）》乙类范围，并确定了医疗保险支付标准，各省（区、市）医疗保险主管部门不得将谈判药品调出目录，也不得调整限定支付范围。这项举措既从政策层面体现了国家对于减轻重病患者疾病负担的决心，也体现了医疗保险管理部门谈判能力的提升以及医疗保险在医药价格形成、药品质量监管中的重要作用。医疗保险与医药的协同，可以为社会利益最大化的实现而服务。

同时，健康保险体系也可以参与高值耗材的监管。健康保险管理部门除了可以直接参与高值耗材的谈判、定价与采购外，还可以联合医院器械材料系统、结算系统、病案系统等，对高值耗材的使用、收费进行监管，规范高值耗材的引进，提升高值耗材的使用效率，减轻患者的就医负担。

（3）对患者行为的监管：健康保险体系可以通过补偿措施的调整，结合信息系统的完善，对患者就医过程中存在的道德风险行为进行监管和规范。例如，健康保险体系可以通过对患者个人特征与疾病特征的匹配分析，明确患者是否有医疗保险卡冒用的现象；对于患者的过度医疗行为，可以采取调整起付线、支付限额、补偿范围及降低补偿比例甚至取消补偿的方式，进行管控。

（4）健康保险体系自身的监管：健康保险体系作为经办机构，除了有自身的监管责任，也需要被监管。社会力量是除政府部门以外的重要监管主体，不仅参与医疗机构、医药企业行为的监管，还参与医疗保险基金的监管。社会力量以居民为主，同时，其他社会组织可以通过技术的完善，提升监管的透明度，辅助各监管主体对其他主体的监管工作。社会力量的监管是行政监管、专门监管和内控自律的必要补充。通过聘请社会特邀监察员、委托社会中介、设立医疗服务和医疗保险投诉举报中心等方式，打通社会监管渠道，充分发挥群众监管的作用，为健康保险基金提供最充分和最广泛的监管。

3．谈判协商机制

医疗保险迈向健康保险，要采用科学治理手段，建立科学谈判机制。医疗卫生领域的专家在谈判中具有信息优势，其做出的定性评价对医疗保险机构的决策具有较大的影响。发挥基本医疗保险集团购买和谈判功能，才能实现医疗保险机构、医药企业、医疗机构、参保人“多方共赢”的目标，有效降低社会负担，控制基金支出。2018 年 3 月第十三届全国人民代表大会通过的国务院机构改革方案中提出，将药品和医疗服务价格管理整合到新成立的国家医疗保障局，极大地增强了医疗保险机构的谈判能力。医疗保险机构有了更大的管理权限，作为医疗服务的购买主体，应建立与医疗服务提供者定期或约定谈判机制，可以从以下三方面进行。

（1）与医药企业建立谈判协商机制：由于医药价格谈判具有较高的专业性，在这一过程中，专业化的社会组织常常发挥着重要作用。例如，借助于医疗行业协会提供技术支持，并由第三方社会组织进行监督，是国际上通行的做法。此外，医药价格谈判工作也离不开信息化技术的支撑和保障，通过医疗信息服务机构提供的大数据充分挖掘患者的就诊信息、诊疗费用信息、药品使用信息、报销信息等，获取医院历年费用和诊治过程、标准，结合现行制度，合理测算价格，可以为谈判双方提供准确和快捷的决策参考。

医疗保险机构应从患者利益出发，与医药企业进行谈判，减轻患者与医疗保险基金负担，促使药品支付标准由市场供需来决定，而非由医药企业垄断。2017 年 4 月，人力资源和社会保障部(简称人社部)主导的国家医疗保险药品目录准入谈判工作，首次引入了卫生技术评估方法，确保谈判的科学性。运用循证医学、药物经济学、互联网大数据综合分析药品的临床价值，经过与周边国际市场价格比较，确定药品谈判后的支付标准;测算谈判药品进入国家基本药物目录后对医疗保险基金的影响。对比 2017 年 7 月人社部印发的《关于将 36 种药品纳入国家基本医疗保险、工伤保险和生育保险药品目录乙类范围的通知》发现，这些药品价格相较往年有了大幅下降。在医疗保险药品目录调整、医药产品的纳入与退出方面，以循证为基础提高卫生决策的科学性与说服力。医疗保险机构只有掌握了药品的基本信息，才能避免因信息不对称而造成的决策失误现象，才能准确地将临床疗效明显的新药纳入医疗保险药品目录。

(2) 与医疗机构建立谈判协商机制:医疗保险机构从合理配置医疗资源的角度出发，与医疗机构进行谈判，引导分级诊疗。从治理视角分析，需要医疗保险机构在宏观治理下，注重精细化管理，根据不同医疗机构的服务量、医疗费用情况、技术能力等因素与定点医疗机构进行谈判协商。提高医疗机构成本控制和服务的主动性。统一疾病诊断编码、规范病案首页书写、完善临床路径，建立医疗、医疗保险之间的谈判协商机制。各地推广单病种或DRGs付费、点数法付费，都需要医疗保险机构与医疗机构、临床专家通过谈判协商的方式，来确定病种分值、单病种总费用、疾病难度系数等。要在区域内实现总额控制，而不是对医疗机构进行简单定额控制，从治理角度出发，也需要在区域内创造有序竞争的空间，促使医疗资源在区域内实现合理配置，激活医疗机构控制成本、提高服务质量的内生动力。2017年6月，国务院办公厅印发的《关于进一步深化基本医疗保险支付方式改革的指导意见》中就明确提到建立医疗保险基金年度支出总额控制运行机制，使用区域医疗保险基金总额控制代替具体医疗机构的总额控制。医疗保险机构需要在顶层设计中担任谈判者角色，在医疗保险实施过程中担任监督者角色，在医疗保险治理手段创新方面担任引导者角色。

4. 部门联动机制

在政府的引导与指挥下，健康保险部门要与卫生行政部门、医疗机构、药品监督部门、审计部门、财政部门、公安部门等形成联动机制，不定期召开会议，通报情况、研究工作，及时协调解决监管中的重大问题。各部门之间对于关键信息要实行透明化共享，强化各部门成果应用，形成以健康保险为主体，包含医疗、医药在内的相关主体信息无缝对接。

健康保险部门在制定如服务监督办法、就医管理办法、医疗保险支付办法等相关政策时，应当广泛征求其他相关部门的意见和建议，形成多部门密切配合、形成合力的良好氛围。同时，建立重大、专项行动检查人员库，共同派人组建检查人员库，动态调整维护，根据检查需要，随机抽取检查对象，随机选派执法检查人员。

此外，建立打击骗取医疗保险基金的联合执法机制，由健康保险部门联合相关部门，通过采取定期和不定期联合执法形式，严格执行有关法律法规，形成对骗取医疗保险基金违规违法行为的有力震慑。在此过程中，还需要畅通欺诈案件查处移送通道，相关部门发现涉嫌医疗保险欺诈骗保行为时，应及时向公安机关报案并提供线索。公安机关接到报案后应及时开展核查，涉嫌犯罪的应立案侦查。

（二）支撑体系

1．法律的完善

健康保险治理体系的构建，离不开法律的完善。首先，要进一步明确公民健康权在基本人权中的重要地位，明确健康保险对于健康服务购买者与患者健康利益代表方的重要作用，并明确健康服务体系应提供覆盖全生命周期健康服务的基本功能。其次，完善健康保险监管的立法，确保有法可依，实现对健康保险监管的依法管理，政府出台专门的健康保险服务监督管理办法，对《社会保险法》及相关法律授权或原则性规定予以补充、明确，对涉及医疗保险监管的监管主体、对象、违规违法行为、法律责任等做出具体规定，从法律法规层面强化部门职责。强化监管部门在医疗保险基金监督检查、基金预算管理、医疗机构及医护人员监管、药店及欺诈案件立案侦查等方面的监管职责。再次，强化用法律手段明确部门职责，强化失职就是违法的观念，防范因行政隶属关系不明确导致不愿作为的情况发生。此外，需要建立相关法律，为社会共治提供法律依据，让包括公众在内的治理主体参与健康保险治理时有据可依、有法可依。

2．大数据的发展

随着信息化水平的不断提高，互联网和大数据已逐步成为管理创新发展的先导力量，改变着传统的政府行政管理形式，也逐步成为医疗保险治理过程中的一个关键技术手段。

对于健康保险而言，大数据的引用有利于实现健康保险治理过程中的决策科学化、管理精细化、服务人性化。在现有医疗保险数据库的基础上，借助大数据云计算技术，实现技术监控与行政监管有机结合，防范医院在总额预算管理制度下推诿患者、降低医疗服务质量、向个人转嫁医疗费用等不良行为的发生。通过信息技术手段夯实健康保险治理基础，实现有效的行政监管，构建健康保险及其基金治理体系，推动健康保险制度改革不断深化。

由于健康保险具有很强的专业性，单纯依靠医疗保险部门内部资源和有限的技术、人力，难以建立有效的管理运行机制。引入专业化的社会力量参与医疗保险治理，能够弥补政府功能与资源的不足，是提升医疗保险治理水平和服务能力的有效手段。以效率化为指向的资源配置能力的提升是医疗、医疗保险大数据应用的重要追求，资源配置效率的提升一方面为医疗服务质量的提升提供了物质支持，另一方面也为医疗保险的可持续运转提供了保障；以优质化为指向的医疗服务质量提升是大数据在医疗领域应用中的核心追求，提高医疗服务水平和质量、满足患者的医疗服务需求是医药卫生体制改革的核心目标；以可持续运转为指向的医疗保险治理功能优化是大数据在医疗、医疗保险领域应用的长期需要，医疗保险治理连接着医疗资源和医疗服务两端，是协调就医行为和医疗服务的重要阀门，需要在医疗服务供给和医疗成本控制间寻找平衡，实现可持续运转。

参考文献

[1] Denhardt R B, Denhardt J V. The new public service: serving rather than steering[J]. Public Administration Review, 2000, 60(6):549-559.

[2] Osborne S P, Radnor Z, Nasi G. A new theory for public service

management? Toward a (public) service-dominant approach[J]. American Review of Public Administration, 2013, 43(2): 135-158.

[3] 顾丽梅. 新公共服务理论及其对我国公共服务改革之启示[J]. 南京社会科学, 2005(1): 38-45.

[4] 黄德春, 陈思萌, 张昊驰. 国外跨界水污染治理的经验与启示[J]. 水资源保护, 2009(4): 78-81.

[5] 黄国武, 仇雨临. 医疗保险治理现代化: 内在逻辑和路径推演[J]. 四川大学学报(哲学社会科学版), 2019(2): 94-102.

[6] 叶红梅, 王红仙, 温静, 等. 基于医保管理的高值医用耗材管理实践探讨[J]. 医疗卫生装备, 2017(9): 132-134.

[7] 蒋月, 林志强. 健康权观源流考[J]. 学术论坛, 2007(4): 144-148.

[8] 金波, 晏秦. 从档案管理走向档案治理[J]. 档案学研究, 2019(1): 46-55.

[9] 李林. 完善医保监管措施强化医保违规事前防范[J]. 中国卫生经济, 2011(6): 18-20.

[10] 陆世宏. 协同治理与和谐社会的构建[J]. 广西民族大学学报(哲学社会科学版), 2006(6): 109-113.

[11] 马军生, 李若山, 李永伟. 完善我国医疗保险基金监管体系的思考[J]. 中国卫生经济, 2005(10): 50-52.

[12] 唐正繁. 治理-善治理论对我国政治发展的借鉴与启示[J]. 中共贵州省委党校学报, 2005(4): 47-48.

[13] 王春婷. 社会共治: 一个突破多元主体治理合法性窘境的新模式[J]. 中国行政管理, 2017(6): 30-35.

[14] 王海阳，严雪峰. 智能化提升医保监管效能的实践探索与思考——以无锡市为例[J]. 中国医疗保险，2017(9):43-46.
[15] 王名,蔡志鸿,王春婷. 社会共治:多元主体共同治理的实践探索与制度创新[J]. 中国行政管理,2014(12):16-19.
[16] 王琬，詹开明. 社会力量助推医保治理现代化研究[J]. 社会保障评论，2018(1):82-91.
[17] 辛颖，陈永法. 医保部门参与基本药物招标的思考[J]. 中国药事，2013(2):139-141.
[18] 闫翠翠. 论全球健康筹资的义务设定[J]. 党政干部学刊，2017(2):19-23.
[19] 杨立华，张云. 环境管理的范式变迁:管理、参与式管理到治理[J]. 公共行政评论，2013(6):130-157,172-173.
[20] 俞可平. 治理和善治引论[J]. 马克思主义与现实，1999(5):37-41.
[21] 赵靖芳. 政府治理工具的选择与应用研究[D]. 上海:华东师范大学，2008.
[22] 周晓丽. 新公共管理:反思、批判与超越——兼评新公共服务理论[J]. 公共管理学报，2005(1):43-48,90-93.
[23] 朱刚令. 完善医疗保险监管体制的思考[J]. 中国医疗保险，2018(5):23-26.

（李浩森　刘亚孔　孙菊）

CHAPTER 4

第四章

基于全民健康覆盖的健康保险筹资

筹资是健康保险制度可持续推行的首要环节和运行基础，决定着健康保险的保障规模和保障水平。建立科学、合理的筹资机制是健康保险持续运行、不断发展完善的客观要求。本章基于全民健康覆盖理念，分析中国当前医疗保险的筹资模式及其存在的问题，探讨在从医疗保险迈向健康保险的过程中如何建立一个合理、完善的筹资机制，为健康保险的发展提出改革设想。

第一节 全民健康覆盖对健康保险筹资的要求

健康保险制度的建立是实现全民健康覆盖的重要基础，公民健康对于一个国家的经济社会可持续发展不可或缺。全民健康覆盖理念与健康保险有着内在的联系。首先，作为健康保险制度建立的目标，全民健康覆盖理念旨在希望全体人民都能获得高质量、高标准的促进健康的医疗服务机会，不因看病贵和看病难而放弃治疗。健康保险制度的建立就是为了分担参保人的疾病经济风险，特别是要解决疾病经济负担的问题，旨在使老百姓在享受高质量、高标准的健康服务的同时，能够有一个合理、完善的保险和报销机制。其次，健康保险制度的建立是实现全民健康的手段，在 2005 年联合国大会提出了全民健康覆盖(UHC)理念后，我国的医疗保险制度设计也从扩大人群覆盖面、增加报销范围、提高报销比例等方面为全民健康覆盖做出了显著的、实质性的贡献。我国多层次的医疗保障体系的不断完善是响应全民健康覆盖理念的具体实践。

一、全民健康覆盖要求不断扩大健康保险筹资的覆盖人群

评估全民健康覆盖的水平包括人口覆盖、服务覆盖和费用覆盖三个维度。其中人口覆盖关注的是健康保险制度的人口覆盖率。全民健康覆盖指出，基本医疗保险制度应该实现全人群覆盖，从而增加卫生服务的有效利用。

目前，城镇职工基本医疗保险制度和城乡居民基本医疗保险制度共同构成了我国基本医疗保险制度。基本医疗保险制度已成为我国多层次医疗保障体系的主体，在分担人们的疾病经济风险中发挥了重要的制度保障作用。截至 2018 年底，我国基本医疗保险制度覆盖人群已超过 13.4 亿人，覆盖率达到 95%以上，基本实现全人群覆盖。随着全民健康覆盖范围的扩大，卫生服务的投入不断增加，对医疗卫生资金的需求进一步增强，促使健康保险的筹资来源趋向多元化发展，提高筹资水平以保障全民健康目标的实现。

二、全民健康覆盖要求不断扩大健康保险覆盖的服务内涵

社会事业发展的重要标志之一是健康保障体系的发展，是否实现全民健康覆盖反映了健康保障体系的发展水平。其中，服务覆盖是保障健康的基础，它涉及卫生服务的范围、质量和可及性。

随着我国社会的发展，“大健康”理念的广泛推广，其内涵与外延也不断扩大，人民对健康的需求不断增加。这对健康服务的内容提出了多元化的要求。在服务覆盖面上，应增加服务项目，涵盖更多的健康服务。除应包括人们所需要的、质量有保证的健康服务外，还应包括疾病预防、健康促进、诊断治疗、复原康健等服务以满足不同健康层次公民的需求。同时，通过健康保险的制度设计，以促进健康为导向，引导全

社会共同为降低疾病风险、提高全民健康水平努力。随着健康保险保障范围的拓展,资金筹集的要素有待于进一步整合归纳,在筹资来源上突出公平性,在资金的分配上强调资金使用的效率,更加突出对疾病预防的关注。

全民健康覆盖目标的实现涉及健康保险体系的供给侧及需求侧。在供给侧方面,公立组织、私立非营利组织、私立营利组织等是健康服务的提供者。我国在完善基本医疗保险制度的同时,不断拓展健康保险的服务内涵,以大病保险、长期护理保险等作为基本医疗保险的延伸。鼓励商业健康保险为参保人提供个性化、高水平的保险产品。在需求侧方面,健康服务的筹资和支付影响着服务供方激励结构、供给行为和服务的充足性、可及性,最终对全民健康覆盖目标的实现进程产生影响。

三、全民健康覆盖要求不断提高人民的保障水平

费用覆盖是指健康保险制度覆盖的卫生费用比例,它反映了个体患病时的自付水平。世界各国积极响应 WHO 的倡议,结合本国国情探索全民健康覆盖的实现模式。以英国为代表的部分国家实行全民免费医疗,其筹资主要来自政府税收。另外一些国家推行医疗保险制度,如德国、俄罗斯等,通过建立政府、社会、个人的多方筹资渠道来为居民提供经济风险保护。我国通过建立以基本医疗保险为主体、大病保险等为延伸、商业健康保险为补充、医疗救助为兜底的多层次保障系统,不断提高参保人群的疾病医疗费用的实际报销比例。2015 年,我国在基本医疗保险基础上,在全国范围内建立大病保险制度,确保大病患者的报销比例在原基本医疗保险基础上再提高 15%左右。2017 年人社部调整了基本医疗保险药品目录,相较 2009 年的药品目录,调整后的

药品目录新增339个药品，增幅达15%。同年，36种高值谈判药品被纳入基本医疗保险报销范畴。2018年，17种谈判成功的抗癌药品也被纳入基本医疗保险报销范畴。对于贫困人口，为更好地确保精准健康扶贫目标的实现，2018年国家通过基本医疗保险、大病保险、补充医疗保险、医疗救助、政府兜底、慈善救助等形式，为患有大病、重病的贫困人口建立兜底保障机制，大病、重病住院医疗费用报销比例提高到90%左右。不断提高参保人群的健康保险报销待遇，是全民健康覆盖的发展方向。建立与之相适应的筹资机制是确保全民健康覆盖可持续发展的基本要求。

第二节 我国基本医疗保险筹资模式及存在的问题

一、基本医疗保险筹资模式

基本医疗保险的筹资模式至关重要，其在医改中发挥保障作用。我国基本医疗保险制度包括城镇职工基本医疗保险制度和城乡居民基本医疗保险制度。

（一）城镇职工基本医疗保险

1. 筹资主体

城镇职工基本医疗保险的筹资主体是用人单位和职工。

2. 筹资方式及标准

城镇职工基本医疗保险费用由用人单位和职工个人共同缴纳。缴费标准与职工的工资水平有关。用人单位按照本单位上年度职工月工资总额的6%～8%缴费，职工按本人上年度月工资收入的2%缴费(各统筹地区根据本地实际情况制定缴费比例)。其中个人工资低于全省上年度在岗职工平均工资60%的，以全省上年度在岗职工平均工资的60%为缴费基数；超过300%的部分不计入缴费工资基数。用人单位按月缴纳基本医疗保险费用，职工个人应缴纳的基本医疗保险费用由用人单位负责扣缴。退休人员和领取失业保险金期间的失业人员不缴纳基本医疗保险费用。为保障困难企业职工的医疗权益，困难企业可以按本企业上年度全部职工工资总额的4.5%缴纳城镇职工基本医疗保险费用，社会保险经办机构将其全部纳入统筹基金，不建立个人账户，参保人可享受统筹基金支付的城镇职工基本医疗保险待遇。

3. 基金构成

城镇职工基本医疗保险筹集的基金由两部分构成，即统筹基金和个人账户。个人缴纳的保险费计入个人账户，单位缴纳的保险费按规定分别计入个人账户和统筹基金。具体比例由不同地市根据当地个人账户的支付范围和职工年龄构成等因素确定。个人账户可用于支付本人医疗费用，跨年度结转使用，如职工本人发生工作变动等情况，个人账户的基本医疗保险基金可随其划转并继续使用。在管理方面，个人账户一般由社会保险经办机构进行统一筹集和管理，也可由社会保险经办机构委托银行代管。

4. 基金规模

城镇职工基本医疗保险的基金收支规模不断扩大。截至2018年，城镇职工基本医疗保险基金收入13538亿元，比上年增长10.3%；支出10707亿元，比上年增长13.1%。2018年城镇职工基本医疗保险基金征缴率为99.4%，与上年持平；征缴收入12935亿元，占基金收入的95.5%，占比高于上年2.7个百分点。2018年，城镇职工基本医疗保险统筹基金收入8241亿元，比上年增长7.8%；统筹基金支出6494亿元，比上年增长12.7%；统筹基金当期结存1747亿元，累计结存11466亿元。2018年，城镇职工基本医疗保险个人账户收入5297亿元，比上年增长14.3%；个人账户支出4212亿元，比上年增长13.7%；个人账户当期积累1084亿元，累计积累7284亿元。

(二)城乡居民基本医疗保险

随着我国城乡一体化进程的不断加快，"城乡分立"的医疗保险制度形成的深层次矛盾日益显现，分立而行的城乡医疗保险制度已经不能适应社会经济的发展和满足人民群众迫切的医疗需求。在此形势下，党的十九大报告中明确提出要建立完善统一的城乡居民基本医疗保险制度，全国各地纷纷根据实际情况来探索整合城乡居民基本医疗保险的现实路径。目前，各个省份基本完成了城镇居民基本医疗保险制度与新型农村合作医疗制度的整合。

1. 筹资主体

城镇居民基本医疗保险和新型农村合作医疗的筹资主要由个人缴费和财政补助构成。财政补助的构成中，中央财政∶地方财政为6∶4。地方财政中，省级财政∶县财政(以及市、乡财政)约为6∶4，即财政补助体系中以中央、省、县三级财政为城乡居民基本医疗保险筹资的主体。个人缴费部分，除在校大学生及特殊群体外，城镇居民基本医疗保险以个人为单位参保，新型农村合作医疗以家庭为单位参保。

2. 筹资方式及标准

建立城乡居民基本医疗保险制度后，为快速推广该制度，吸引更多城乡居民参加基本医疗保险，实现"广覆盖"的目标，财政补助承担了城乡居民基本医疗保险筹资的主要责任。

3. 基金构成

国家有关政策指出，2020年底前将取消居民医疗保险个人账户，逐步向门诊统筹过渡，将参保居民门诊统筹最高支付限额提至400元，较上年增长50元，同时提高政策范围内的住院报销比例，参保时间越长报销比例越大（累计不超过10个百分点）。

4. 基金规模

2018年城乡居民基本医疗保险基金收入6971亿元，支出6277亿元，分别比上年增长23.3%、26.7%（收支增幅较大的主要原因是新型农村合作医疗制度与城镇居民基本医疗保险制度整合）。2018年，城乡居民基本医疗保险基金当期结存694.6亿元，累计结存4372.3亿元。2018年，城乡居民基本医疗保险人均筹资693元，比上年增加88元，增长14.5%；人均财政补助497元，比上年增加58元，增长13.2%。2018年，仍独立运行新型农村合作医疗制度的有辽宁、吉林、安徽、海南、贵州、陕西、西藏7个省（自治区），参合人口数量达1.3亿人，基金收入875亿元，基金支出839亿元，累计结存318亿元。

二、基本医疗保险筹资模式存在的问题

（一）个人账户制度影响基金效率

城镇职工基本医疗保险在制度初设时，考虑到要从福利性质的劳保医疗制度顺利过渡到体现个人责任的社会医疗保险制度，建立了城镇职工基本医疗保险的个人账户制度。统筹基金和个人账户分别解决职工住院保障和门诊医疗问题。在这种统账结合的模式下，医疗保险个人账户资金归个人管理，无法在所有参保人之间互济使用。个人账户基金规模日益扩大，严重制约了基本医疗保险基金的社会共济功能。

缺乏医疗费用风险共担机制的个人账户起不到分散风险的功能。另外，个人账户的实际积累额偏低，无法有效地应对人口老龄化背景下医疗费用支出增长的挑战，导致基本医疗保险基金运行效率低下，背离了社会基本医疗保险政策设计的出发点与目的。

（二）城乡居民基本医疗保险筹资过于依赖财政投入

目前，在城乡居民基本医疗保险的筹资中，政府财政补助占比达到71.7%，个人缴费仅占28.3%，筹资对政府财政的依赖性过强。财政投入按中央、省、县三级财政分担的机制，在医疗费用上涨、人口老龄化加速、居民健康需求日益增长等形势下，筹资标准也日益提高，这让原本就最薄弱的县级财政面临更严峻的经济压力，当财政补助金额不能及时到位时，城乡居民基本医疗保险制度就难以正常运行。

（三）职工与居民的缴费水平差距大，不利于筹资公平

按现行的基本医疗保险缴费设计，职工需要缴纳的基本医疗保险费用是居民的7倍左右。而职工与居民基本医疗保险的报销目录一样，仅报销比例有15个百分点左右的差别。筹资与保障待遇的明显差异，造成大量参保人退出职工基本医疗保险而选择加入居民基本医疗保险，逃避应承担的缴费责任。由于职工基本医疗保险筹资体现的是个人和用人单位的责任，而居民基本医疗保险主要依靠财政补助，更带有福利色彩。这种逆向选择加剧了财政压力，不利于维护筹资的纵向公平。

（四）退休不缴费政策让职工基本医疗保险基金面临巨大挑战

我国人口老龄化正在加速发展。预计到2025年，我国的人口老龄化达到高峰，并可能持续40年左右。现行缴费政策规定，退休人员无须缴纳参保费用，还需要从基本医疗保险统筹基金中划转部分到退休人员的个人账户。而平均1位老年人消耗的基本医疗保险基金是1位

在职职工的4倍左右。随着人口老龄化进程的加速,退休人员不缴费的政策将造成基本医疗保险基金面临巨大的穿底风险。

(五)较低的基金统筹层次不利于制度抵抗风险

受限于我国基本医疗保险经办管理人员不足,管理专业化水平和管理辐射面有限,我国目前的基本医疗保险基金多实行市级统筹,甚至县级统筹。较低的统筹层次导致医疗保险政策碎片化、报销待遇不平衡、医疗保险数据较为分散等问题。对于老龄化负担较重的地区,过小的基金池不利于有效抵御赤字风险,不利于促进参保人群的健康保障的公平。

(六)重疾病、轻健康

我国基本医疗保险制度的"广覆盖、保基本"的筹资理念也使得医疗保险的保障范围仅限定于疾病的保障。医疗保险报销范畴限定为参保人患病后的治疗费用,对体检、预防保健等健康促进的服务内容,基本医疗保险明确规定不予报销。门诊慢性病的基本医疗保险报销政策中,只将高血压、糖尿病等慢性病合并严重并发症纳入保障范畴。这与新的医学模式和"早发现、早治疗"的预防理念相冲突。一方面,易导致参保人小病拖成大病,不利于健康促进;另一方面,也影响基本医疗保险基金发挥最佳的保障效果。

第三节 健康保险筹资设计和展望

一、健康保险筹资设计

健康保险以促进人群健康为宗旨,健康保险的筹资应以全民健康覆盖理论为指导，突破传统只关注疾病风险分担的狭义认识。健康保险筹资坚持以政府、社会和个人责任明确的多渠道为筹资主体，通过增收烟草税等形式，拓展筹资渠道，强调个人和企业对健康的责任，引导全社会共同致力于促进健康。通过合理的筹资水平及统筹层级的确定，构建公平、可持续的健康风险分担机制。健康保险的筹资设计如图4-1所示。

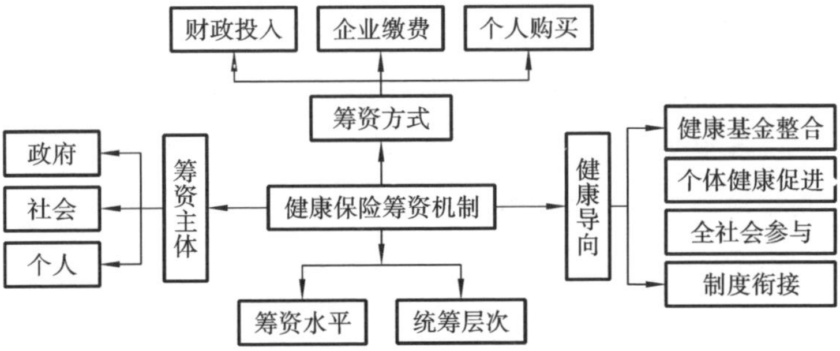

图4-1　健康保险的筹资设计

二、健康保险筹资展望

(一)政府在健康保险筹资中发挥主导作用

在健康保险的筹资中，政府扮演重要角色。第一种是筹资的发起人和倡导人，第二种是财政补助的提供者，第三种是筹资基金监管者和维护人。作为筹资的发起人和倡导人，政府需要发挥自己的主导作用，兼顾横向公平和纵向公平，更加稳定地在全民范围内建立可持续的健康保障。作为财政补助的提供者，政府对医疗保险基金补助的形式有多种，如直接提供保险费用全额补助等措施，给低收入、贫困户等特殊人群提供费用补助甚至代缴费用等。政府提供财政补助是大多数国家进行卫生筹资的通行做法。作为相关法律和监管制度的制定者，政府应采用各种方式手段，整合各种筹资渠道得来的资金，同时确定统筹层次。健康保险的筹资机制也需要一系列的法律、法规和监管制度保障。比如用法律明确政府提供缴费补助的义务和补助额增长规则等。只有完善的法律、法规和监管制度才能使基金长期、可持续发展，为参保人提供稳定、可信的保障。因此，在健康保障的筹资过程中，政府要明确和承担起自己的职责。

（二）全面整合健康资金协同提升健康保障效果

整合健康资金，更好地发挥健康保险基金保障健康的合力。

横向上，改变目前由于行政部门划分而导致的健康投入碎片化的状况，将公共卫生、个人健康教育、疾病预防、康复、医养结合等健康促进相关领域的资金进行有效整合，促进全体健康水平强化基金的统筹管理，避免无效投入和重复投入。通过整合更好地发挥各部门对健康保障的协同效果。目前，各地探索的医共体改革可为整合健康保险基金提供借鉴。在医共体实践中，各地充分认识到预防和健康管理对减少疾病发生、提升人群健康水平的重要性。部分地区探索将城乡居民基本医疗保险基金和基本公共卫生服务资金一起打包给医共体用于医防融合工作，强化疾病防控，实行购买服务，考核结算，量质并重，医防融合，做实健康管理。

纵向上，逐步取消城镇职工基本医疗保险的个人账户。世界上绝大多数国家的健康保险基金是纳入社会统筹的，综合考虑我国目前的以公平为主的政策导向以及个人账户制度的弊端，建议逐步取消个人账户。考虑到社会的稳定及参保人的心理承受能力，可以对取消个人账户设立一个过渡期。在过渡期内，职工原有账户中的资金结余可继续用于本人及家属的普通门诊及住院治疗需要的自付部分。以后通过科学测算逐步减小个人账户的设置规模，降低统筹基金进入个人账户的比例，逐步使个人账户制度过渡到门诊统筹制度，实现门诊和住院双保障，用报销基本医疗门诊费用的办法代替个人账户资金的支出。在过渡期后，凡新加入医疗保险的个人，不再建立个人账户，所有缴费全部进入统筹基金。原有参保对象，也停止向个人账户供款。

（三）健康保险筹资要强调个人对健康的责任

健康保险的筹资模式设计中，要引导个人对健康的促进作用，形成“个人管理＋政府作用”的新模式。个人要主动配合缴纳保险费用，这不仅是自己的义务，同时也是对自己的健康负责。个人对健康的责任包括对自身健康的责任和对他人健康的责任。在影响健康的因素中，个人的行为和生活方式占60％，因此个人主动开展健康管理是最可行、最具有成本效益的策略。对他人的健康责任包括不伤害他人健康和保护他人健康。相较于我国现行的社会医疗保险，健康保险除应关注患者患病后的疾病经济补偿外，更应注重对疾病发生前的预防、健康的促进，并为社会成员提供以健康为导向的知识指导及管理服务。在此基础上，逐步通过疾病预防，健康维护，就医的事前、事中和事后全程管理，建立与社会医疗保险相互补充的综合健康管理保障服务模式。在健康保险缴费标准制定上，改变传统“一刀切”的医疗保险定额缴费模式，可借鉴车险根据个人既往的交通规则遵守情况和有无主观原因导致的交通事故来浮动缴费标准的方式，以此引导个人更好地遵守交通规则，减少事故的发生。探索通过将参保人的健康生活方式与健康保险缴费标准关联起来，通过评估个体的健康相关行为，了解参保人是否有吸烟、酗酒等不良生活习惯，对有不良生活习惯的参保人予以上浮健康保险的缴费标准。通过将健康行为评估结果与参保人的健康保险缴费标准相对应，激励参保人自觉采取有利健康的行为，摒弃对健康不利的生活方式，增强参保人的健康管理责任意识。

（四）增收特种税引导全社会关注健康

在健康保险的筹资中，鼓励、动员社会多方参与进来，积极发挥各自作用，最终造福整个社会的健康收益，充分体现“共建、共享”的健康全局观。尤其是部分特殊企业应负担起更大的健康促进责任。国际上通过向企业增收特种税用于健康保险的做法值得借鉴。被征收特种税的企业主要涉及烟酒制造企业、不健康食品制造企业和环保不达标的企业等。以美国为例，美国通过颁布法律，把联邦卷烟税每包提高了62美分，并且提高了其他烟草制品的联邦消费税，烟草税将节省445亿美元的长期健康保健费用，收入将用于扩大儿童健康保险项目，向低收入家庭儿童提供健康保险。美国在联邦和州两级征收烟草税，部分地市一级的地区也征收。烟草税的增加在一定程度上也能抑制烟草消费，进而提高国民健康水平，减少医疗资源浪费，节约社会医疗保险基金支出。

（五）积极拓展健康保险筹资渠道

健康保险的筹资应是社会多方面的筹资，而不单单是政府发挥作用，个人、企业等社会各方都要在筹资中发挥自己的作用。参考各国做法，可选择“以财政税收为主，个人、集体为辅”的方式，发挥在行政管理、风险管理等方面的规模效应。第一，财政税收能够避免逆向选择，能够在群体中达到风险共担的效果。第二，筹资基础广泛，如增值税、进口关税等。例如，澳大利亚对矿产业征税，巴基斯坦对医药企业征税等。因为增收特种税通常不是基于居民收入的，即使居民收入增长没有赶上医疗服务价格增长，该类税收的增长也可以适当弥补公共医疗卫生筹资的缺口，保持健康保障基金的充足、稳定。第三，以财政税收为主的筹资方式具有良好的费用控制作用。将增值税、企业所得税等与居民收入不直接相关的税种引入健康保险基金筹资来源，将有利于分散健康保险筹资的基金风险，同时也体现了积极调动社区各力量共同促进全民健康的理念，有利于增进社会的和谐和稳定。另外，政府作为发起人、引导者，鼓励企业从每年的收入里拿出定额对健康保险基金进行捐助，对积极响应号召参与慈善捐助活动的企业给予一定的荣誉激励或者政策倾斜。调动社会各方力量，拓宽多种形式的筹资渠道，形成一个以政府为主体、个人和企业积极配合、全社会参与的健康保险筹资模式。

（六）健康保险和社会救济有机衔接

健康保险的目标是分担健康风险，健康保险要以个人或单位缴费为参保前提。使用者付费这种方式能较好地体现个人的健康责任，但最大的问题是极易导致不公平，收入低的人群由于支付能力低，对于卫生服务的可及性差，会出现“因病返贫、因病致贫”的现象。健康保险和社会救济的有机衔接，能更好地实现社会公平，维护社会稳定。

社会救助是以满足人的最低生活标准而给予的财务接济和生活扶助，是社会保障体系的一个组成部分，其主要目的是实现社会公平，维护社会稳定。社会救助更多地是一项兜底的社会保障制度。社会救助基金为贫困及政策规定的特殊人群提供必要的健康保险参保补贴，如老年人、残疾人、低收入者及退伍军人、劳动模范等，以保障全员参保。对于贫困人群中低收入者的收入门槛，可按照居民收入的一定比例或最低生活保障线来确定。确保贫困人群不会因经济原因而被健康保险拒之门外，帮助其公平地享有健康保险，同时又遵循健康保险的权利与义务对等的基本运行原则。健康保险与社会救助的有机衔接是促进健康公平、实现全民健康覆盖的本质要求。

(七)合理确定健康保险筹资水平和统筹层次

健康保险筹资水平包含两个方面的内容:一是维持健康保险基金收支平衡、可持续发展的筹资水平;二是目前筹资政策能达到的水平,即合理缴费问题。合理测算健康保险筹资水平及其增长预测是构建健康保险筹资机制的重要内容。同时,健康保险筹资机制的统筹层次的实质是统筹区域间的协调发展。健康保险统筹层次越低,区域间差距就越大,公平程度就越低;健康保险统筹层次越高,基金的互助共济、抗风险能力就越强,健康保险的运行就越持续、稳健。统筹与公平也是健康保险发展的重要方向,我国正处在医疗保险迈向健康保险的新阶段,为确保医疗保险基金合理高效利用,提高统筹基金的统筹层次,必须把握好以下几点:制度内统筹,扩大基金的风险池,提高基金抗风险能力;制度间统筹,加强制度间衔接;地区内统筹,提高区域间的公平性。

健康保险筹资机制的构建不仅要对筹资体系本身进行优化设计与测算,还需要考虑以下外部环境的相关机制及政策:首先,完善健康保险筹资的法律建设,从根本理念上对筹资的公平性及稳定性给予法律保障;其次,完善与健康保险筹资机制并行的协调机制,如养老金基金、社会医疗救助机制等;最后,强化健康保险筹资的监管机制,对保险基金的收支从内部进行管理控制。只有政策、机制间相互协调配合,才能保证整体筹资机制的顺利运行。

参考文献

[1] 班晓娜,李赖志.新医改格局下实行城乡统筹的可行性探讨——

基于供求平衡视角的分析[J]. 党政干部学刊,2011(2):37-40.

[2] 陈洁,曹阳. 失能老人长期照护保险筹资水平测算及机制设计——以江苏省为例[J]. 中国卫生事业管理,2019(1):29-32,39.

[3] 世界卫生组织. 什么是全民健康覆盖[EB/OL]. [2005-03-10]. http://www.who.int/features/qa/universal_health_coverage/zh/.

[4] 万泉,翟铁民,赵郁馨. 我国部分地区卫生筹资负担公平性研究[J]. 中国卫生经济,2009(7):14-16.

[5] 万泉,赵郁馨,张毓辉,等. 卫生筹资累进分析方法研究[J]. 中国卫生经济,2004(7):18-20.

[6] 朱坤,张小娟,朱大伟. 整合城乡居民基本医疗保险制度筹资政策分析——基于公平性视角[J]. 中国卫生政策研究,2018(3):46-50.

[7] 张朝阳,孙磊. 全民健康覆盖的内涵界定与测量框架[J]. 中国卫生政策研究,2014(1):19-22.

（张霄艳）

CHAPTER 5

第五章

价值导向的健康保险战略性购买

在当前健康中国战略实施的大背景下，在健康资源有限的前提下，健康保险需要考虑均衡个体风险与基金风险，通过实施战略性购买策略大幅提升基金使用效率，最终使参保人健康受益。价值导向的健康保险战略性购买是未来健康服务购买的主要趋势，体现了健康中国战略的核心理念。寻找健康促进、预防、治疗和康复的最佳组合是健康保险可持续发展的关键路径。因此，在基金管理层面，迫切需要形成适合我国国情的以价值为导向的健康保险战略性购买机制，以统筹基金支付能力为基础，采取各项购买措施，实现更加主动的购买。

第一节 价值导向的健康保险战略性购买的目标及理论基础

价值导向的健康保险战略性购买是指健康保险部门通过系统性改善和趋势性优化，一方面增强聚集资源效能，以量换价，提升医疗保险集团购买的基金绩效和风险平衡能力；另一方面注重服务质量和健康结果，树立未来投资的战略思维，通过兼容共生构建未来协调健康、创新驱动的医疗服务体系发展格局。

一、价值导向的健康保险战略性购买的目标

（一）关注健康结果，践行健康中国战略

《“健康中国2030”规划纲要》中指出，全民健康是建设健康中国的根本目的，要使全体人民享有所需要的、有质量的、可负担的预防、治疗、康复、健康促进等健康服务，需要覆盖全生命周期的健康服务和健

康保障，全面维护人民健康。现阶段医疗保险购买仍然更侧重于控制费用以及就医过程的短期健康，对长期健康产出重视不够，未形成科学、合理的健康产出评价指标体系，健康保险最后应落脚在提高居民的长期健康水平上。应充分发挥健康保险的杠杆作用，不仅注重合乎医学基本原理，还应注重合乎经济和社会效益最大化基本原理，通过健康保险的激励约束作用，使医疗卫生机构和医务人员的目标一致，获得综合调控收益并受到激励，从而有效引导医疗服务行为的改变，最大限度获得基金结余以及增加医务人员的收入，有效促使医疗卫生机构及医务人员在保证服务质量的前提下，降低因过度医疗或服务提供不足带来的额外成本；对具有极高临床价值以及创新价值的产品和技术，应考虑其替代性和集团购买的询价机制。现在付出一定的成本，不仅对当下的质量提升和基金绩效具有显著改善作用，更对未来价值创新的支持激励具有重要的社会意义。价值导向的健康保险战略性购买应体现主动性购买而非被动买单，遵循目标管理原则，以公众健康需求为导向，将成本效益、竞争、合同管理和绩效评估等理念引入战略性购买框架，从而为参保人投资健康。

（二）维持基金高效运行，体现价值医疗理念

价值导向的健康保险战略性购买的设计需要更多地考虑效率问题。诸多研究表明，相较于“以疾病为中心”的医疗服务供给，通过关口前移提升预防服务并加强基层地区的医疗服务水平具备更优的成本效益。一些发达国家的经验也表明，在医疗服务供给过程中更多地融入健康管理的理念，加强全生命周期的健康服务，为不同人群购买与其健康需求相适应的服务包，满足不同人群的健康需求，可以有效提升健康保险基金的使用效率。现阶段，价值导向的健康保险战略性购买最重

要的是应更多地纳入医疗服务以及基金管理和分配的绩效考核内容,增加参保人在享受医疗服务过程中的满意度以及增加健康结果的考量,从质量角度出发改善健康产出,保障健康人群和具有潜在危险因素人群的健康才能获得更多的基金结余。通过强化健康保险谈判机制以及签订健康服务合约,建立完善综合监管机制,同时降低药品支付标准,鼓励上级医疗卫生机构的技术和人才向下帮扶,形成“预防为主、防治结合”的健康管理模式,做到无病早防、有病早治,从居民健康出发设计健康保险,从而体现价值医疗理念。

(三)保障基金收支平衡,确保可持续运行

医疗保险的战略性购买,靠的是医疗保险资源聚集效能和总体风险平衡能力。制度分割、管理分设、基金分散,将导致医疗保险资源聚集效能不足,总体风险平衡能力过弱,进而减损医疗保险集团购买的效能和战略性购买功能。这就需要更深度地进行医疗保险制度整合、管理统一、基金统筹、数据集中;需要更广泛地推进集团购买和医疗保险谈判。因此,医疗保险的外部功能必须与系统自身改革同步进行。一方面,通过有效的多渠道筹资体系,如公共财政预算、医疗保险基金和社会捐赠等,确保医疗服务的提供能够获得稳定和持续的资金和资源支持,通过合理的支付机制,以某种风险共担、预付和统筹的方式(一般为医疗保险基金),使医疗服务对于每个居民或其家庭都具有可负担性,避免发生灾难性医疗费用支出或出现“因病致贫、因病返贫”现象;另一方面,在基金平衡的基础上,最重要的是保证资源配置和服务供给与需求之间的适配性,前者要求最大限度地增加医疗卫生资源供给以促进供给与需求相对均衡,后者中最为关键的影响要素是对服务供方的激励机制设计(如价格规制、医疗保险支付方式等)。合理的激励

机制设计对医务人员的积极性、工作效率的提升具有最根本的驱动力。

(四)促进医疗服务体系变革

价值导向的健康保险战略性购买应促进医疗服务体系改革并优化整个医疗体制设计。一方面,要提升基层医疗服务能力,通过健康保险基金的激励约束机制,促进医疗卫生机构之间的资源流动,使不同级别医疗卫生机构"回归本位",同时维护医疗卫生机构的可持续发展,而其最终目标是减轻居民疾病经济负担,防患于未然,做到"关口前移",保障居民获得高质量的医疗服务,从根本上维护居民健康。另一方面,为了促进医疗服务体系的整合,实现医疗服务的连续性,要求不同级别医疗卫生机构必须在其功能定位的基础上实现服务和机构的整合,通过改善医疗服务体系和制度环境,营造良好的职业激励环境,促使服务提供者产生正向的道德和行为准则,同时配合适当的质量考核指标体系和经济激励,产生最佳的改革效果。如果缺乏正向的职业道德激励,过于注重考核指标和经济激励,会导致因单纯追求机构和个人利益而做出降低服务质量等损害需方利益的行为,使服务行为与提供机制设计初衷背离。因此,价值导向的健康保险战略性购买有助于医疗服务体系中各项功能的发挥、健康保险职能属性的转变。

二、价值导向的健康保险战略性购买的理论依据

(一)价值医疗理论

价值医疗最早于2006年由美国哈佛商学院迈克尔·波特提出,该理论提出的目的是追求投入产出效益最大化的健康服务,即以同样或较低的成本投入取得最大化的医疗质量或最优的健康结果。这一理论

基于三个基本原则：为服务对象创造价值，综合健康状况和以全生命周期为宗旨的健康实践，测量健康结果和费用。健康价值的基本公式如下：

$$健康价值(value)=\frac{健康结果(outcomes)}{健康服务全过程成本(costs)}$$

医疗服务质量及其带来的健康结果是价值医疗的关注点，包括三个方面内容：一是服务可及性（包括服务可获得性、家庭和个人经济状况、等待就医时间和医疗卫生机构距离、医疗卫生机构服务能力等）；二是健康产出（包括预防保健和健康管理效果、临床治疗结果等）；三是服务感知（包括需方满意度或就医体验、供方满意度和医疗保险支付方考核结果等）。健康服务全过程成本主要是指总体的健康服务成本，侧重于服务质量的全过程管理。因此，推行价值医疗一方面强调以改善健康结果为导向的服务质量提升，另一方面更关注健康成本的有效性，而非医疗成本的实际消耗。

价值医疗理念在健康保险战略性购买中，主要体现在以下五个方面。一是购买以健康结果为导向的服务。健康保险战略性购买需要以实际健康需求为依据，从维护参保人健康的角度完善制度设计。二是强化各主体责任。不同主体应明确在提供健康服务过程中的责任，健康保险战略性购买不仅仅考虑基金的运行稳定与效率，更需要提升不同主体在健康维护过程中的参与度。三是尊重医学规律。健康保险战略性购买需要本着对医学尊重的态度，处理好适宜技术和先进技术之间的关系，提供合理的医疗技术服务。四是实现多主体共赢。最终不应该是服务供方或者需方单独获利，而应该是利益兼顾，实现多方共赢。五是实现基金目标。健康保险基金的高效运行不仅仅只体现在基金的稳定性上，在追求成本效益的同时应兼顾社会效益，以维护参保人的健康为衡量基金运行质量的最主要依据。

成熟、完善的健康保险战略性购买不仅要求在价值上有共识，而且需要在政策上有合理目标，以及在运行上有机制保证。价值导向的健康保险战略性购买的核心应是参保人利益和权益的最佳体现，是一种基于价值的健康保险治理体系和方式，所形成的体制和机制是在价值的基础上建立的。同时，价值共识的内涵是在健康保险基金预算约束下代理人自身责任和专业素养的体现，它需要在合理控费和支付、医疗技术方法创新的基础上去实现既定的健康保险政策目标。

（二）公共产品理论

公共产品理论是现代公共经济学的内核，是政府为社会成员组织提供和满足公共需求的产品和劳务的理论。其代表人物是萨缪尔森和布坎南。萨缪尔森在1954年创新公共产品理论，建立了在公共产品与私人产品之间最佳配置资源的萨缪尔森条件，并将公共产品经典解释为“每个人对这种产品的消费，都不会减少其他人对该产品的消费”。这阐明了公共产品具有三个特征：一是效用不可分性，即效用是全社会成员所共同消费的，不能被分成若干部分，分属某个人或组织消费；二是非竞争性，即某个人或某组织消费时不会减少其他个人或组织消费该产品，也不会影响整个社会的利益；三是非排他性，即排除潜在使用者需要付出很大代价，并且是难以实现的。

布坎南在1965年创新俱乐部产品理论，建立了包括成员数和产品数在内的俱乐部均衡，解释了非纯公共产品的特征、生产成本与成员性质三者之间的关系，得出了俱乐部成员的最优规模。这阐明了准公共产品是大量存在的介于纯公共产品与私人产品之间的一种产品，完善了公共产品理论。目前学术界认定具有上述三个特征的产品为纯公共产品，具有上述一个或两个特征的产品为准公共产品或混合公共产品，不具有上述三个特征的产品为私人产品。当公共产品资源的价格体系缺失时，政府就是资源配置的主体。

健康保险具有竞争性和非排他性，属于准公共产品，而构成健康保障体系的不同健康保险制度的公共性程度不同，政府承担的责任有所差异。大部分健康服务具有竞争性和排他性，属于私人产品，但政府对健康服务提供主体所提供的健康服务做出强制要求，使其并不是以成本为导向，而是注重健康保险战略性购买的社会效益，这使得健康保险满足公共产品理论的准公共产品特征。政府对健康服务的保障不是完全依据公共产品理论，而是基于基本的人权和公共财政的能力。健康保险制度相关的医疗保险机构、医药企业、医疗卫生机构和参保者都是理性经济人，都会追求利益最大化，如果没有协同机制就不能实现医疗服务的最佳市场配置。因此，健康保险部门作为价值导向的战略性购买主体，为满足公共利益最大化要求，需要健全有效约束相关经济人的制度规范，保证健康保险战略性购买比市场机制更有效。

（三）博弈论

博弈论又称为对策论，是研究多人谋略和决策问题的理论，是研究具有竞争性现象的数学理论和方法。一个博弈问题必须至少有两个参与博弈的主体，且在决策时都考虑各自的利益追求，做出自己的最优策略。竞争贯穿于各个主体博弈的全过程，并使其相互依存。博弈主体为赢过对手，往往努力掌握对手的特点和信息，调整策略，最终带来不同的博弈结果。而博弈论就是从理论上进行分析，参考博弈主体的预测行为和实际行为，研究其优化策略，并预测博弈结局。

博弈论包括以下几个基本概念：①参与者，即博弈中的决策主体，又称局中人；②信息，是指参与者在博弈过程中能掌握的知识；③战略，是指参与者对其他参与者的行动做出反应的行动规则；④收益，是指在特定战略组合下参与者得到的确定的效用或期望效用；⑤均衡，是指所有参与者的最优策略组合。

博弈论一般可分为合作博弈论和非合作博弈论。合作博弈论是研究人们达成合作时的收益分配问题，而非合作博弈论是研究人们在利益相互影响情况下，如何选择使自己收益最大化的策略。从博弈行为的时间序列考虑，可将博弈论划分为静态博弈论和动态博弈论，静态博弈论是指参与者同时或先后行动，后行动者不知道先行动者的策略，动态博弈论则相反。此外，博弈论还可划分为完全信息博弈论和不完全信息博弈论，两者的区别在于参与者对其他参与者的特征、策略空间以及策略组合等是否充分、准确了解。

价值导向的健康保险战略性购买中涉及的参保人、医疗卫生机构、医疗保险机构和医药企业四方之间存在博弈关系。运用博弈论对健康保险战略性购买进行研究，有助于理清四方之间的关系，更有利于创新设计出同时制约四方并实现四方共赢的最优购买方式。具体四方博弈者如下所示。

（1）参保人。保障参保人能够获得应有的健康服务是健康保险制度建立的根本目的，因此参保人是在价值导向的健康保险战略性购买中首先应考虑的博弈主体。对于参保人而言，现阶段健康保险战略性购买所带来的好处不易被感知。理论和实践表明，一方面支付制度改革可以引导供方规范诊疗行为，控制医疗成本，提高医疗服务质量，从而减轻参保人的疾病经济负担。但由于不同疾病的复杂程度不同、诊疗信息存在不对称性等，医疗服务供方往往通过推诿危重患者、缩减配药量等手段转嫁经济考核风险。同时，一些参保人盲目偏好技术含量高的治疗手段，对医务人员的治疗方案不信任，认为治疗方案的调整是由支付制度改革所致，从而对改革产生误解。另一方面，医疗保险药品谈判等方面对于参保人的健康需求把握不足，特别是基本医疗保险药品目录的调整往往滞后，并且缺乏围绕价格、疗效、民意认同度等方面的监督。另外，在健康保险战略性购买的过程中，在保障参保人合法权益的同时，也要做好其合理就医行为和加强对医务人员信任程度的宣传教育。

(2) 医疗卫生机构。健康保险是通过实物补偿(健康服务)来实现保障的，但健康服务并不由健康保险机构而是由医疗卫生机构提供。同时，区域医疗卫生事业发展的程度直接影响居民健康水平，并作用于区域经济社会发展，最终影响区域健康保险基金的筹集。另外，医疗卫生机构同时又是健康保险的管理对象。如何最大限度地发挥购买的激励效果，同时规范诊疗行为，鼓励医疗技术创新，维护参保人健康，是健康保险战略性购买的重点。

(3) 医疗保险机构。健康保险基金收支情况直接影响健康保险制度是否可以持续运行。我国“全民健康保险”已从制度全覆盖逐步走向人群全覆盖，但从总体上看，保险基金水平还很有限，如不增加新的筹资渠道，未来健康保险的运行将会受到很大影响。同时，随着我国社会经济不断发展，人民生活水平不断提高，人均预期寿命不断延长，参保人口老龄化问题突出，加之新医疗技术和新药品、耗材的应用以及服务可及性的不断提升，医疗需求进一步释放，未来健康保险基金出现风险是必然的，健康保险战略性购买的改革可延缓基金风险的发生。

(4) 医药企业。药品支付标准是国家医疗保险药品目录准入谈判的核心，也是国家医疗保险机构与医药企业间博弈的核心。通过谈判和集中采购提升医疗保险基金承受水平，实现医疗保险资源的合理配置，同时保留企业合理利润空间，激励其进一步创新投入，设置合理的药品支付标准成为谈判的关键所在。药品支付标准的确定和临床疗效价值的考量同样关乎参保人的实际利益，以及医疗卫生机构在提供医疗服务过程中的积极性，降价幅度越大，在已有结算标准下的医疗卫生机构通常可以获得更多的利润。

综上所述，参保人、医疗卫生机构、医疗保险机构、医药企业四方应在平等互利的基础上，共同参与协商决策，制定出既能相互制约，又能利益共享的健康保险战略性购买方式，从而实现控制医疗费用增长、提高医疗服务质量和健康产出的双重目标。

第二节 医疗保险服务购买的发展现状

国家医疗保障局成立后，通过在购买方式、购买内容以及支付方式三个方面进行优化，开展药品集中招标采购、医疗保险药品谈判、医疗保险支付方式改革等一系列工作，较好地实现了医疗保险的服务购买。

一、购买方式

（一）药品集中招标采购

1. 医疗保险机构参与药品采购工作日益深入

2017 年 4 月，国家卫生和计划生育委员会（以下简称国家卫计委）、财政部联发《关于做好 2017 年新型农村合作医疗工作的通知》，提出设立医疗保险基金管理中心，试点“医疗保险接管招标采购”。在未来药品价格形成的市场机制中，医疗保险机构的价格谈判能力将发挥举足轻重的作用。2018年3月，我国新一轮国务院机构改革正式落下帷幕，新组建的国务院直属机构国家医疗保障局，将人力资源和社会保障部的城镇职工和城镇居民基本医疗保险、生育保险职责，国家卫生和计划生育委员会的新型农村合作医疗职责，国家发展和改革委员会的药品和医疗服务价格管理职责，民政部的医疗救助职责整合，实行了四权合一。药品、医疗服务价格收费标准，以及药品、医用耗材招标采购政策的制定及监管也都由国家医疗保障局来完成。这次改革不仅是制度的整合，而且是职能的整合，有望实现"优化协同高效"的政府部门职权目标，实现相关医疗保险管理职能由一个机构统筹，医药资金链条在一个平台上连接，同时国家医疗保障局在"三保合一"后一跃成为最大的药品购买支付方，价格谈判能力显著增强，有助于推动药品价格回归合理本位，遏制药品价格的快速上涨，进而有效控制医疗保险支出。

2. 从地市级集中采购逐步提升至国家组织的跨区域带量采购

2004年以前，药价虚高成为整个社会重点关注的问题，以地市级公立医疗机构为主体的"招标采购"不能显著降低药品的虚高价格，医药企业普遍反映招标采购频繁、成本高、不规范。为解决药品集中招标采购过程中出现的问题，2004年9月，卫生部等部门印发了《关于进一步规范医疗机构药品集中招标采购的若干规定》(卫规财发〔2004〕320号)，对药品集中采购的范围、采购合同的管理以及采购程序等都做了明确规定，明确了药品招标采购需遵循"质量优先、价格合理、行为规范"三大原则，同时鼓励将以地市为单位的集中招标提升到省级层次。2009年1月，卫生部等部门联合印发了《进一步规范医疗机构药品集中采购工作的意见》(卫规财发〔2009〕7号)，首次明确提出将以省为单位进行药品集中采购，开启了药品集中采购的新阶段。2018年，国务院办公厅印发《国家组织药品集中采购和使用试点方案》，提出组织“4＋7”试点地区形成联盟，以联盟地区公立医疗机构为集中采购主体，探索跨区域联盟集中带量采购，以量换价。2019年9月，在前期试点基础上，国家医疗保障局等九部门印发《关于国家组织药品集中采购和使用试点扩大区域范围的实施意见》，提出扩大国家组织药品集中采购和使用试点区域范围，进一步明确“4＋7”试点地区带量采购的集中采购范围及形式，为全面开展药品集中带量采购积累经验。

3. 医联体、跨区域“议价”等多种方式呈现，带量采购成常态

目前各省使用较多的模式即为“省级挂网＋市级议价”模式。首先省级需审核质量，对不同类别的药品进行不同形式的评审，确认药品挂网资格。而后由市级、医联体或医疗机构对挂网药品进行带量议价，以确定最终采购价。简而言之，就是省级掌握准入权，市级（医疗机构）掌握定价权。多项医改重要文件均提及要“突出医疗机构采购主体作用”，意味着在未来药品价格形成的市场机制中，医院在药品集中采购中扮演的角色不仅仅限于前期的提出采购品种和采购数量、后期的合同执行，还要在中间的招标采购过程加强参与度。2017年4月，《国务院办公厅关于推进医疗联合体建设和发展的指导意见》（国办发〔2017〕32号）提出，要求建立医联体内统一的药品招标采购平台、管理平台，形成医联体内处方流动、药品共享与配送机制，提示医联体在未来的药品采购中将扮演重要角色。2019年1月，《国务院办公厅关于印发国家组织药品集中采购和使用试点方案的通知》（国办发〔2019〕2号）进一步提出，在试点地区公立医疗机构报送的采购量基础上，按照试点地区所有公立医疗机构年度药品总用量的60％～70％估算采购总量，进行带量采购，量价挂钩、以量换价，形成药品集中采购价格，试点城市公立医疗机构或其代表根据上述采购价格与生产企业签订带量购销合同。

4．联合采购模式逐渐成为主流

随着医药卫生体制改革的不断深入、药品“零差率”政策的全面实施，各地在实行“省级药品采购平台统一招标采购”的模式下，对药品集中采购模式进行了不断探索创新。2015年6月，《国家卫生计生委关于落实完善公立医院药品集中采购工作指导意见的通知》（国卫药政发〔2015〕70号）提出，具体指导公立医院的药品采购工作，再次强调允许探索符合自身特色的地市级采购模式。《国务院办公厅关于进一步改革完善药品生产流通使用政策的若干意见》（国办发〔2017〕13号）发布，允许公立医院在省药品集中采购平台上联合带量、带预算采购。随后，跨地区联合采购不断发展，仅一年多的时间相继组建了三明联盟、京津冀联盟、西部七省联盟和四省一市联盟，另外上海市开展了沪港合作采购。在此基础上，2019年1月，《国务院办公厅关于印发国家组织药品集中采购和使用试点方案的通知》（国办发〔2019〕2号）从国家层面指出“4＋7”试点城市形成联盟，以联盟地区公立医疗机构为集中采购主体，这些联盟既包含东西部差距较大地区，也包含京津冀核心区，还包含长三角、珠三角等经济发达地区，未来跨区域联合采购模式、集团采购组织（GPO）模式或将成为主流。

5．目前药品集中招标采购存在的主要问题

（1）集中采购与医疗保险支付的关系不明确：实践证明，医疗保险支付价格是药品市场和临床使用的主要引导方式。随着医疗保险改革的进一步推进，未来医疗保险支付价格的影响将更大。集中采购会逐渐转化为支付价格的形成机制，功能的转化带来形式的变化。目前医疗保险支付和集中采购的定位边界仍不明确，二者之间如何科学衔接和相互促进有待进一步研究。

(2)长效机制仍未有效建立：审视发达国家和地区的药品采购机制，多为市场机制形成交易价格，价格动态调整，医疗保险支付机制作为引导，采购主体有充分的降价动力和意愿，同时还有强大的信息管理系统支撑等，这种机制是长效的，既可保障医疗保险基金安全，也能满足临床所需。如果以此对标研究，我们会发现目前联合采购以及带量采购等主流采购模式(如“4＋7”带量采购方案)在目标、方法、手段、时效等方面还略显粗糙，应从系统性、科学性、稳定性、长期性等方面着手改善。

(3)产品价格区域间仍不均衡：目前跨区域联合采购以及“4＋7”带量采购在实施之后，暴露的最大问题是区域价格不平衡，甚至出现相差20余倍的现象。集中采购政策本来就是为兼顾百姓利益而制定的，部分地区采用价格联动的方法，但仍未形成区域间产品价格的机制设计。

(4)企业参与一致性评价的积极性降低：《国务院办公厅关于开展仿制药质量和疗效一致性评价的意见》(国办发〔2016〕8号)中明确指出，鼓励优秀企业率先完成一致性评价，获取市场先机和政策红利，实现进口替代。各级政府为支持当地医药产业发展，也出台了通过一致性评价产品给予政府资金和政策支持的系列措施，不少企业期望通过一致性评价后，实现产品和原研药一样的价格，以获取更多利润。但目前在跨区域联合采购和“4＋7”带量采购中，仿制药的价格仍处于低位，这使一些企业的参评积极性受到影响。

(二)医疗保险药品谈判

1. 由国家卫计委和人社部转为国家医疗保障局

国家医疗保障局成立之前，我国从国家层面到地方层面探索开展的医疗保险药品谈判工作，牵头开展谈判的主体各有不同。国内第一次医疗保险药品谈判由国家卫计委出面，2016年5月国家卫计委等7个部门联合印发《关于做好国家谈判药品集中采购的通知》，并同时公布了首批国家药品价格谈判结果，5个品种谈成3个。第二次是人社部牵头谈判，2017年2月，人社部印发《国家基本医疗保险、工伤保险和生育保险药品目录(2017年版)》，最终44个品种谈成36个，并且均进入医疗保险乙类目录。地方层面的医疗保险药品目录有些是主管新型农村合作医疗的卫生计生部门牵头，有些是主管城镇基本医疗保险制度的人社部门牵头。《中华人民共和国社会保险法》(2018年修正)第三十一条提出，社会保险经办机构根据管理服务的需要，可以与医疗机构、药品经营单位签订服务协议。药品谈判事关医疗保险报销政策、基金支付能力等问题，谈判的主要砝码在于将药品纳入医疗保险报销，提高药品销售量，进而迫使药品企业降低价格。2018年10月，国家医疗保障局印发了《关于将17种抗癌药纳入国家基本医疗保险、工伤保险和生育保险药品目录乙类范围的通知》。17种抗癌药纳入医疗保险乙类目录，与平均零售价相比，平均降幅达56.7%。2019年8月，国家医疗保障局、人社部印发《国家基本医疗保险、工伤保险和生育保险药品目录(2019年版)》，这次目录是国家医疗保障局成立以来药品目录首次全面调整，此外经过专家评审确定了128个拟谈判药品。医疗保险药品谈判工作由医疗保险主管部门牵头更有利于工作的开展和结果的落实。

2. 国家级、省级和地市级谈判并存

目前我国开展的医疗保险药品谈判，既有国家层面统一开展，也有省级、地市级层面独立开展。不同层级开展谈判各有利弊。首先，确定常规准入和谈判准入药品清单。随后，国家医疗保障局组织包括多名院士在内的国内顶级临床专家成立临床专家组，对所有谈判药品进行评审，作为底价测算的重要参考。国家医疗保障局谈判团队还组建了药物经济学组和医疗保险测算组，按照技术要点平行测算，形成每个药品的谈判底价。最后，根据现场谈判规则和程序，面对面确定谈判结果。其优点：一是药品使用量大，有利于量价挂钩，降低药品价格；二是国家级谈判专家队伍能力更强；三是可以避免各省多次重复谈判，浪费资源；四是避免省际差距过大，区域不公平等现象。其弊端是我国不同地区医疗费用以及医疗保险基金使用和结余情况存在较大差异，国家"一刀切"地将高价药品谈判后纳入医疗保险药品目录，对部分地区医疗保险基金形成较大压力，许多地方形象地称之为"国家点菜，地方买单"。部分省份则以省、地市为单位开展谈判，这有利于各省、地市根据基金使用和结余情况确定谈判药品的种类和数量，但弊端是药品用量相对较少，降价幅度有限。

3．由专家遴选转向药物经济学评价

纵观我国有关特药谈判的相关文件，对谈判药品种类的遴选，基本围绕大病必需、呼声强烈、疗效明确、价格昂贵的专利药、独家生产药等原则。各地探索实践过程中采用了不同的方法，如下级医疗保险管理部门上报、各级医疗机构建议、药品企业申请、专家评审等，例如人社部印发的《国家基本医疗保险、工伤保险和生育保险药品目录(2017年版)》中确定的谈判药品种类，由全国25个省份3522名遴选专家以电子投票的方式进行投票遴选，根据得票率的高低确定拟谈判品种，谈判药品种类遴选上具有较强的主观性，缺乏客观依据。另外，还存在各地方层面探索谈判的药品种类集中度不高等诸多问题。随着谈判工作的深入开展，在药品遴选过程中，医疗保险基金承受能力、药品潜在降价空间等诸多因素逐渐引起重视，采用药物经济学分析，测算谈判药品纳入医疗保险药品目录与当前替代治疗方案相比的成本效益等因素，以确保政策制定的科学合理性。2018年10月，国家医疗保障局印发了《关于将17种抗癌药纳入国家基本医疗保险、工伤保险和生育保险药品目录乙类范围的通知》，率先引入国际通行的评估方法，采用成本效用等药物经济学方法测算药品进入国家药品目录后的预期支付标准，并就销量增加情况做出定量预测。药物经济学方法同样在2019年版药品目录中得到体现，并综合进行药物经济学和基金承受能力评估，确定谈判底线，由谈判专家与企业谈判，形成双方认可的全国统一的支付标准后，按程序纳入目录范围。

4. 建立医疗保险药品目录动态调整机制

1999年5月，《城镇职工基本医疗保险用药范围管理暂行办法》提出，基本医疗保险用药范围通过制定基本医疗保险药品目录进行管理，原则上每两年调整一次，但实际调整工作尤为缓慢。尤其是从2009年版到2017年版的医疗保险药品目录，更新周期长达8年之久。因此，国家医疗保障局拉开医疗保险药品目录动态调整的序幕，确定了“突出重点、补齐短板、优化结构、鼓励创新”的调整思路，时隔2年再次启动医疗保险药品目录调整，印发了《2019年国家医保药品目录调整工作方案》，优先考虑基本药物、癌症和罕见病等重大疾病治疗用药、慢性病用药和儿童用药。调入方式分为常规准入和谈判准入，在满足有效性、安全性等前提下，价格相对较低的，可以通过常规方式纳入目录，价格较高或对医疗保险基金影响较大的独家专利药品应当通过谈判方式准入。此次调整强调药品“有进有出”，不符合条件的药物将被调出医疗保险药品目录，实现基金支出“腾笼换鸟”，提高基金运行效率和发展可持续性。

5. 目前医疗保险药品谈判存在的主要问题

首先，从政策层面主要有三个方面的问题。一是地方的执行政策尚需进一步完善，部分省市落地进程比较缓慢。二是由于受药占比、医疗保险总额控制、门诊报销、医院进药等政策限制，谈判药品在部分省市及医院无法获得。因此谈判药品在公立医院的落地非常困难。此外，部分地区医院二次议价也影响药品的供应保障。三是各地在药店渠道的报销和管理经验尚不足，需要鼓励药店渠道加紧落地，进一步发挥药店在医疗保险药品供应保障方面的积极作用，为参保人提供便利服务。

其次，医院操作层面的问题也亟待解决。一是国家对于医疗保险谈判药品规定了支付范围限制，如特定的适应证、支付周期或疗程，这给医院的管理信息系统带来新的挑战和要求，新的管理信息系统需要在医生开具处方时提示患者的历史使用药品情况、用药周期及具体说明等。目前很多地市的医院间没有实现互联互通，而且就诊记录还涉及患者隐私的问题，因此如果患者之前在其他医院有过就诊记录，就很难从系统设计的角度了解患者的既往用药记录。这给医院对医疗保险患者用药的管理带来很大的挑战。二是国家医疗保险谈判高值药品如包含在按病种付费或按疾病诊断相关组付费内，对于临床医生将造成较大的管理压力。此外，目前国家对于医疗保险支付方式的改革和医疗保险药品目录的衔接问题也为医院临床和医疗保险管理带来一定的困惑。

二、购买内容

目前医疗保险服务包的内容主要包含以下特点：①购买服务内容主要集中在医疗领域，逐步探索将预防和健康管理纳入支付范围。部分地区将社区卫生服务、门诊大病和慢性病、家庭医生签约服务等预防保健和健康管理内容纳入服务包设计中。②逐步将重大疾病和罕见病纳入服务包范围。将此类疾病纳入药品目录和医疗保险支付范畴并逐步扩大，有助于减少患者自付费用，增加治疗的可及性和规范性，维护患者健康。③实施服务内容的差异化补偿制度。在不同级别医疗机构间设置差异化补偿水平，引导基层首诊、有序就诊和双向转诊。④对贫困人口采取倾斜政策。在基本医疗保险、大病保险和医疗救助方面均体现保障社会公平的特征，减轻贫困人口的医疗费用负担。

三、支付方式

基本医疗保险基金支付方式是医疗保险支付制度的核心组成部分，是指医疗保险机构对医疗服务供方（医院、医生）提供的医疗服务所消耗资源的补偿方式。作为卫生系统改革的一个控制柄，医疗保险支付方式依靠自身的激励机制，决定着卫生资源的分配，并通过调控医疗服务供方的行为，以作用于医疗服务的效率、质量和可及性，进而影响患者的健康状况、服务满意度及风险保护等卫生绩效目标，因此支付制度改革也越来越受政府的重视。

从我国医疗保险支付制度改革的演进过程来看，其在制度选择、趋势变化方面主要呈现以下三个特点。

1. 从后付制转向预付制

后付制是医疗保险机构对患者已经发生的医疗费用在事后进行补偿的行为，此支付方式没有让患者分担相应费用，对医务工作者起不到约束作用，反而容易刺激额外经济行为的产生，致使医疗服务费用不断上涨。预付制即制定预付的标准来控制医疗费用的总支出，作为第三方的医疗保险机构控制医院的医疗费用预算，规范医务工作者的诊疗行为，使其承担相应的经济风险，为患者提供最经济、有效的治疗方案。

最初，我国医疗保险支付方式以按服务项目付费（FFS）为主，以供方主导医疗服务，结果发现以按服务项目付费为主的后付制容易诱发过度医疗行为，对医疗费用和医疗服务质量的调控作用有限。随后，支付方式作为重要的利益调节手段成为主要改革内容，改革的方向也逐步从后付制转变为预付制。改革以强化医疗保险购买方功能和责任（保险方、购买方主导）、促进积极的购买为前提，从单一的费用控制转为服务质量和健康结果兼顾。

2. 从单一付费转向复合付费

不同支付方式各有优缺点，患者疾病特征和疾病类型往往多样化，单一的支付方式在一定程度上无法满足不同疾病、不同人群以及不同治疗方式的需求，导致医疗保险受益面受到极大限制，对各利益主体产生不利影响。不同的支付方式会对医疗卫生机构产生不同的刺激作用，产生不同的资源配置结果和经济效果。采取复合支付制度，即针对各个层次的医疗保险对象采用不同的支付方式，能够有效利用其优势，克服劣势，弥补某种单一支付制度的缺陷。德国门诊采用点数付费方法，取得了很好的成效，表明总额预付制和后付制相结合能有效控制医疗费用的支出。上海市施行总额预付制和按服务项目付费制相结合的措施，也取得了很好的成效，遏制了医疗费用的增长，提高了医疗服务质量。

3. 从粗放的总额和人次付费转向精细化的按病种付费

我国支付方式改革大多从供方主导的按服务项目付费转向住院按人次、单元支付，再到按病种付费，从总体上推动医疗服务支付方式从原先的粗放模式向精细化转变。原则上对诊疗方案和出入院标准比较明确、诊疗技术比较成熟的疾病实行按病种付费，逐步将日间手术以及符合条件的中西医病种门诊治疗纳入按病种付费范围。

根据各种费用支付方式的特点，可以看出按服务项目付费有利于医疗服务质量，但医疗费用不可控；按人头付费和总额预付有利于控制医疗费用，但医疗服务质量难以保障。总体而言，没有任何一种支付方式是完美无缺的，都有其优点和缺点。相对而言，按病种付费在费用控制与服务质量之间寻求了一种平衡，因此，这种付费方式也越来越被广泛采用，是目前全球主流的医疗保险支付方式。

按疾病诊断相关组(diagnosis related groups，DRGs)付费，是当今世界公认的比较先进的医疗保险支付方式之一。它根据患者的年龄、性别、住院天数、临床诊断、病症、手术、疾病严重程度，以及合并症与并发症及转归等因素把患者分入600～800个诊断相关组，并对各疾病诊断相关组的付费标准进行科学测算，给予定额付费。也就是说按疾病诊断相关组付费是医疗保险机构就病种付费标准与医院达成协议，医院在收治医疗保险患者时，医疗保险机构就该病种的付费标准向医院支付费用，超出部分由医院承担的一种付费制度。这种付费方式兼顾了患者、医院、医疗保险等各方面的利益。它可以起到控制费用、保证质量和提高管理水平的效果，也给医院管理带来一场变革，促进了医院质量管理、经济管理、信息管理等学科发展，涌现出了临床路径、战略成本管理、数字化医院等先进管理方法。

4. 从强调控费转向价值导向型付费

为了应对和解决医疗服务费用迅速上涨的问题，我国部分地区对医疗保险制度不断进行修改、完善，改革后的支付方式在费用控制、服务质量、服务效率上各有利弊，还远未达到“以患者为中心”的协同思维，比如，诱导住院、推诿重症患者等情况仍旧十分严重。因此，各地区逐步认识到医疗服务提供体系和医疗保障之间具有不可分割的管理关系。在发展社会医疗保险过程中，一种特有的医疗保险模式——整合医疗组织起到了举足轻重的作用，推动了以患者治疗后的健康改善情况为评估对象的“按价值付费”的到来。

按价值付费不是一个独立的支付系统，只是在现行按服务项目付费体系中增加了奖励和惩罚机制，其操作不只是针对医院和医生，它由多个不同类型的服务提供者形成联盟甚至一体化开展整合医疗，并在保险支付方捆绑式付费模式下共享成本节约带来的收益，这有利于在整合医疗组织内部合理配置医疗资源，促进良好就医秩序的形成。

5. 目前医疗保险购买结算存在的主要问题

（1）以后付制为主：后付制是医疗保险补偿已经发生的医疗行为，此购买结算方式没有让供方承担更大的经济风险，对医务工作者起不到约束作用，反而容易刺激额外经济行为的产生，致使医疗服务费用不断上涨。预付制即制定预付的标准来控制医疗费用的总支出，作为第三方的医疗保险机构控制医院的医疗费用预算，规范医务工作者的诊疗行为，使其承担相应的经济风险，进而为患者提供最经济、有效的治疗。

目前我国预付制主要采取总额预付，多以单一医疗机构为单位，对医疗机构和医务人员的行为引导作用有限，未能形成以区域或整合服务体为购买结算单位的机制，对分级诊疗促进患者合理流动、提高基层服务能力的作用不够明显。

（2）过于注重费用控制，忽略服务质量：调节医疗服务行为、引导医疗资源合理配置和控制医疗费用不合理增长是医疗保险支付方式改革的重要目标，然而，当前各地的医疗保险支付实践往往偏重于控制医疗费用，忽视医疗服务质量的提升，导致出现医疗费用增长暂时控制但医疗服务质量无法保证的现象。比如，部分地区实施"总量控制、超支不补"的结算政策，虽然达到了控制医疗费用的基本目标，同时由于总额预算的不精准性，影响了医疗机构的必要服务提供。另外，从医疗保险支付标准看，当前我国的医疗保险支付标准制定往往以前期支付水平作为参照，缺乏科学的动态调节机制。部分医疗服务的价格长期偏低，不能真实反映合理的医疗价格和成本水平，不仅增加了医疗服务机构的成本压力，还压制了医疗卫生机构的服务积极性，不利于医疗服务水平的提升，同时导致医疗保险支付方式在促进不同类型医疗卫生机构分工、推动分级诊疗等方面的作用不明显。

(3) 注重当前基金平衡，对保障居民健康目标的体现不充分：医疗保险服务结算主要是对患病的参保人给予事后经济补偿，考虑得更多的是基金平衡，但这并不能减少和避免疾病发生，存在预防与医疗脱节的弊端，未将医疗服务与健康管理有机结合起来，对居民健康的考量不足。据估算，每投入 1 元用于健康管理，就可以节省约 4.5 元的医疗费用支出。医疗保险服务购买结算方式经历了由按服务项目付费到如今按病种付费的转变，基本理念是在合理筹资的基础上维持医疗保险基金的可持续性，遏制基金超支现象的发生，在设计结算方式的过程中，目前总额预付以及按人头付费改革中，医疗保险机构大多按统一的人头费用标准向医疗卫生机构付费，未进行风险调整，忽视对医疗服务质量的监测，导致医疗卫生机构过度追求成本控制、降低费用，影响医疗服务质量，对居民健康造成一定影响，缺乏战略性目标。

第三节
价值导向的健康保险战略性购买的优化设计

当前，医疗保险乃至健康保险支付制度的设计已经从外延式拓展进入内涵性提升阶段。在筹资资源有限的前提下，通过健康保险基金购买医疗服务给予参保人补偿的购买策略，将会对保障效率及健康产出影响巨大。

一、价值导向的健康保险战略性购买的基本原则

(一)与国家经济发展水平相适应的前提原则

社会健康保险是政府组织下的健康保险制度安排,因此必须充分考虑国家的整体经济发展水平,注意国民经济和社会资源的承受能力,考虑GDP、卫生总费用、药品总费用年增长率的水平。随着现代医疗技术发展速度加快,在尽可能满足人们对于医疗健康需求的同时,要防止超前消费,防止人们的过高预期,防止健康保险保障水平超出可持续发展的水平。

这个原则落实到健康保险的战略性购买上,体现为需要考虑哪些药品、医用器材、诊疗服务项目、医疗技术手段是与国家经济发展水平相适应的,哪些超出了社会经济发展的可承受性和可持续性。

(二)坚持社会公平的指导原则

社会健康保险是政府组织下的医疗保障制度安排,因此必须充分考虑社会公平的原则。在医疗服务领域,社会公平原则具体体现在以下两个方面。

多数原则:满足大多数人可以享有的医疗服务。尽管在健康保险上应该考虑按需分配,但是如果健康保险只支付重大疾病,而对于多数人需要的日常医疗服务不予支付,将无法获得多数人的支持,从而失去社会公平性。

需要原则:满足影响生命安全的医疗需要。人的生命只有一次,如果在生命安全上不能得到保障,任何其他社会公平将失去意义。生命安全的公平是最重要的社会公平。而对那些未满足的需要则应根据健

康保险基金的可承受性逐步得到体现。

社会公平原则落实到健康保险的战略性购买上，体现为两方面的购买：一方面，对于常见病、多发病、慢性病等疾病预防，需要有一定程度的健康保险覆盖；另一方面，对于影响生命安全的重大疾病需要的医疗服务，特别是对于儿童和青少年，也需要有健康保险的支持覆盖。

(三)以提升价值(性价比、成本效益)为核心原则

在经济发展水平和社会公平原则的框架下，对于具体医疗服务项目、具体医疗技术手段的选择，价值原则是最为核心的指导原则。需要对各种医疗服务、医疗技术手段，建立价值评估的机制和进行结果评价，同时需要做动态调整。

价值原则落实到健康保险的战略性购买上，体现为对于性价比高的药品、医疗服务项目和医疗技术手段，可以优先考虑支付，或者提高健康保险支付的水平。

二、价值导向的健康保险战略性购买优化设计思路

价值导向的健康保险战略性购买中购买方式和结算方式具备不同的特性，因此在机制设计中应区分。其中无论是药品集中招标采购还是药品谈判，产品均具备明显的可替代性。在具体谈判采购过程中需要选择成本效益最优的产品，最重要的是要考虑技术的先进性和适宜性，以及服务的社会效应，而在具体的购买结算环节，主要是对医疗服务整体进行购买，而医疗服务提供具备明显的不确定性，这种不确定性提示健康保险作为战略性购买方更应注重如何引导服务供方的行为，因为供方是最了解需求的主体，所以采用适宜的购买结算方式可以有效把握需求。在购买结算设计中需要强调供方行为的自我引导，激发

供方内在行为的良性转变。图5-1展示了价值导向的健康保险战略性购买的主体框架,各利益主体如何在不同作用机制下实现服务提供与体系的协调与整合。

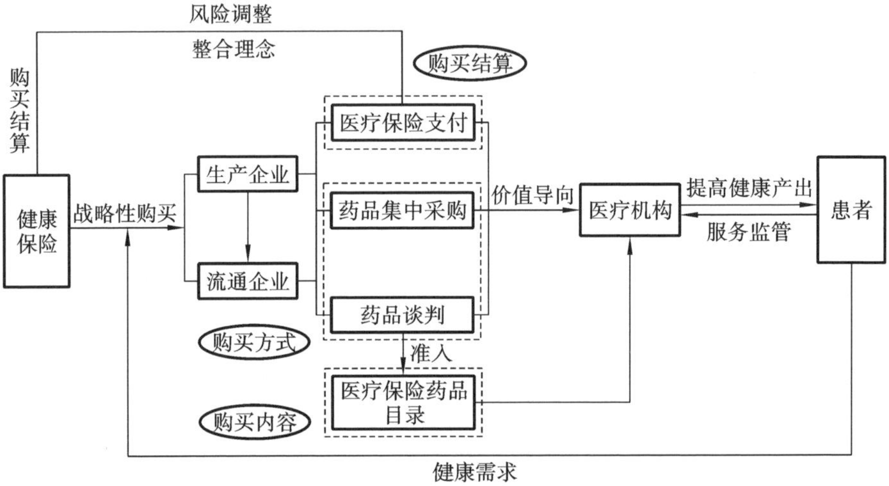

图5-1　价值导向的健康保险战略性购买的主体框架

(一)药品的购买

1. 药品集中招标采购

(1)国家与地方相互促进,逐步完善:逐步完善国家医疗保障局和地方机构的上下协同机制,形成国家与地方联动的采购操作管理规范。逐步制定和完善采购操作规范、监管督导规则、平台操作细则、数据标准和数据协同应用标准等规则,规范药械价格形成和价格管理,确保地方政策落实到位。

(2)鼓励探索市场化价格形成机制和医疗保险支付标准:国家目前带量采购方案未明确统一的支付结算规则,充分考虑到各地的实际情况,也给试点城市更大的自主空间,激励试点地区根据自身情况在本次采购基础上进行采购执行和后续管理方面的创新，推动试点地区“竞合发展”。例如，上海发布的《4+7城市药品集中采购上海地区补充文件》中规定了结算模式和未中标品种的采购模式。未来国家医疗保障局可通过地方的创新和实践，进一步理清推动市场化价格形成的机制、理顺探索医疗保险支付改革的实施路径。

(3) 增大带量采购规模和市场覆盖广度，使区域联合带量采购常态化：带量采购是当下促进药品降价和推动形成市场化价格的主要手段，区域联合带量采购将常态化开展，少数医疗保险药品目录新增补的高价药、临床必需用药由国家统一议价；区域性采购联盟将增加，GPO采购、医院集团采购、省级跨区分类联合采购等模式将会并存，并在国家医疗保障局的新规下逐步规范，形成统一标准，全国药价未来将在联动基础上逐步统一、普降。

(4) 采购价格决策由单纯的“唯低价中标”逐步向“药品上市后评价+谈判”转变：药品上市后评价在带量采购和医疗保险支付标准中的应用价值将日益凸显，在药品安全、有效、经济的多维空间中衡量药品价值，以解决竞品之间存在的疗效、价格差异问题，减少患者药品使用费用。未来药品上市后的价格评价将逐步替代“唯低价是取”的采购评价方式，将逐步形成“采购价格—上市后评价—采购价格再决策”闭环的采购价格管理体系，并成为制定带量采购规则、制定医疗保险支付标准和进行医疗保险药品目录准入与淘汰等决策的参考依据。

2. 医疗保险药品谈判

(1) 强化政策执行力度，确保政策真正落地：从国家层面，需要继续跟踪并督导各地的执行情况，了解地方执行中存在的问题，协助地方加以解决，同时也将从国家层面加强监测并跟踪效果。此外，国家应进一步完善医疗保险药品目录动态调整机制，进一步完善医疗保险药品谈判的周期、方式的制定规则及细则。相关部门需要继续协调并优化医院药占比、医疗保险总额控制和门诊报销限制等配套性政策。多位专家提到，医院药占比政策是目前国家医疗保险药品谈判在公立医疗机构面临的最大的政策阻碍。

由于国家医疗保险药品谈判受到公立医院诸多限制，多位专家提出各地要同步开通药店通道的建议。一方面，进一步研究肿瘤靶向治疗等药物在协议管理门诊、药店结算办法和管理方面的措施；另一方面，通过采取有效措施鼓励符合条件的协议管理零售药店为参保人提供药品。有专家提供了开通社会药房的供给模式（DDP模式）具体的操作方案和实施细则。

（2）完善分类管理和动态平衡的理念原则：未来医疗保险准入谈判倡导“分类管理”的基本理念，包括临床使用管理、创新程度管理、报销待遇管理和检索查询管理。医疗保险药品谈判的发展要坚持“动态平衡”的核心原则，通过平衡临床需求和基金的风险，确保基金的可持续性。

（3）确立价值导向的医疗保险用药需求：国家医疗保险基金的有效利用率需要进一步提高，同时要减少基金浪费，以及时满足临床未满足的治疗需求。以患者为中心，以临床为基准，明确“补缺、选优、支持创新、鼓励竞争”的医疗保险用药需求导向，重点考虑重大疾病治疗用药、短缺药、儿童用药，优先考虑创新药品，扩大竞争性品种。对只有安全性而无显著有效性的“神药”，在准入条件和使用管理方面坚决予以限制。

（4）引入社会协商的治理规则：在具体医疗保险药品谈判和目录调整上，需要广泛征求和听取各方面意见，而非以往的只是采取专家遴选的方式，在制定评审方案和谈判规则时引入相关利益团体参与，将共识形成于决策之前，落实于方案和规则之中。在国家医疗保险药品准入和支付标准谈判中，以社会协商、集团购买、平等谈判的治理理念，设置全流程的法律规范和操作规程，让规则成为每一个参与谈判人员可遵循、可检测、可追溯的行为准则。

(5) 完善大数据和药物经济学评估机制：为了支持谈判，需要进一步建立和完善由临床药学专家组成的药物经济学评估组和社会保险管理专家组成的医疗保险大数据评估组，独立组织研究并提供评估报告。同时，谈判企业可以根据评估方法、测算依据和谈判规则等进行分析评估以确定谈判底线。当企业进入谈判室的时候，除了医疗保险预期支付标准底线之外，其余相关信息是透明的。作为重大国家谈判，最后的谈判应该体现彼此的诚意与对未来发展的评估。

(二)医疗卫生服务的购买

1. 服务包设计需要融入健康保障理念

未来服务包设计中公共卫生服务、大多数常见病多发病的健康服务(采取适宜技术、适宜成本的治疗)、基本健康保障和基本药品，必须确保人人享有，另外需要遵循“基本医疗卫生服务包”的原则，通常是覆盖绝大多数人和疾病、成本适宜、安全可靠，从而保证健康保险基金的可持续运行。在此基础上，需要加强以价值为导向的全生命周期健康服务，提升服务质量，与其他健康保险购买方式和结算方式一同改善居民健康结果，此外可以适当鼓励市场提供高端、专科和补充服务。同时也要做好规划和监管。目前，我国还没有一个通用的“基本健康服务包”，这是当前亟待解决的问题，地方上应当积极探索。

2. 差异化的补偿方式

健康保险的设计要充分运用不同级别医疗机构间针对服务内容差

异化的补偿原则，同时采取适宜的保障水平。一方面，对于不同级别定点医疗机构，在起付线、封顶线、共付比例，甚至不同病种方面都需要设置差异化的补偿水平；另一方面，保障水平的设置需要以健康结果和产出为导向，可以考虑根据不同疾病的发生风险和经济风险，选取所有医疗服务中最需要风险分担以及最需要进行保障的内容，对于不同人群设置不同的自付比例，减少卫生服务中存在的致贫因素和不公平现象。

3．明确政府和市场的边界

在提供服务的种类和内容上，重中之重是要把“政府”这一头稳住。也就是说，首先要明确哪些服务由政府保障，这是划分政府和市场边界的前提。在市场起作用的领域中，要明确这样两个方面：一方面，在健康服务和健康保障领域（医疗服务的分配环节），应当以政府为主导，因为市场机制本质上是按照价格机制配置资源，这与健康在本质上是基本人权、人人生命平等的理念相违背；另一方面，在健康服务的生产要素市场上，即医务人员的选拔和报酬、基本药物的采购等领域，要充分发挥市场机制的作用，因为只有这样，才能够体现医务人员人力资本的真正市场价值，才能促进医务人员优胜劣汰，才能采购到价廉物美的药品，同时可以促进医药企业良性竞争，避免市场失衡的状态。

4．竞争性的合同购买

“服务提供者必须彼此竞争，合同必须被执行”，即充分利用市场机制，促进医疗合同的平等竞争，供方的竞争资格以医疗资质为前提而不管其所有制性质（不论公立或民营）。作为购买者的政府或第三方支付者（公共或私人的医疗保险基金），其职责的重点在于维系公平竞争环境以及合同竞争机制的合理设计和有效运作，购买内容需要体现鼓励健康的意识，同时也要通过体系设计保证购买内容的有效性和完备性。

（三）支付方式

1．兼顾各利益相关方，确保制度设计的可持续性

根据博弈论的思想，要兼顾医、保、患三方利益，需要通过科学设计健康保险服务支付方式对各利益相关方进行经济利益调配并提供持续有力的经济激励。对于医疗服务供方，需要激发医疗卫生机构主动控制费用的积极性，引导医疗卫生机构从只注重医疗服务转向防治结合，注重医疗服务质量，强化激励措施，提高医疗卫生机构的医疗收入，提高基层医务人员的积极性；对于健康保险部门，应从“单纯的基金结余追求”转向“兼顾利益相关方”，以激励管理对象实现“义利共融”，改变医疗保险管理部门的管理理念，变单一的基金监管者为参保人利益代言人、医疗保险基金监管者、区域卫生资源配置的参与者，健康保险的制度运行也将更加和谐、高效；对于患者，改革设计需要持续提高其全生命周期的健康水平，以及满意度。

2．强调系统思维，促进服务整合与健康保险服务支付方式相结合

我国现阶段致力于推进医疗服务内容以及医疗服务体系自上而下或自下而上的整合，各地都在积极探索城市医联体和县域医共体等多种整合方式。如何将服务与体系整合同健康保险服务支付方式改革相结合，是体现制度价值取向的关键。

以往医疗保险的支付层次大多局限于单个医疗机构，虽然在机构内部可以一定程度地控制医疗费用，提高医疗服务质量，但横向及纵向医疗机构之间的医疗资源并未实现真正的流动和共享，伴随的是大型医院规模的不断扩大和基层医疗机构规模的日渐萎缩，不利于分级诊疗秩序的形成。应通过整合型健康保险服务支付方式，以打包预付给医联体或医共体的形式，建立内部风险共担、利益共享的新机制，从而促进机构间资源整合。健康保险基金由医疗集团内部进行使用和分配,让渡基金的剩余所有权,促使医疗集团内部各级医疗机构形成明确的功能定位和任务分工,有利于连续性服务提供以及加强医防融合,促进健康资源的下沉,从而保证居民健康以及对医疗费用进行综合控制。

3. 强调复合健康保险服务支付方式,促使供方形成内在激励约束机制

任何一种健康保险服务支付方式,既有优点,也存在缺点,如按服务项目付费主要依据医疗服务项目数量,虽然有利于降低医疗管理成本,但缺乏对医疗费用结构的综合考虑,仅侧重对医疗服务进行支付,而忽视对预防、保健、康复以及健康管理等方面的支付,按服务项目分解式的支付方式不符合以健康为中心的健康保险发展理念。

因此在实际工作中进行支付方式选择时,要考虑支付方式的优缺点,做到尽量避免其缺点,发挥其优点,而按病种、按人头和总额预付等的复合型健康保险服务支付方式设计有利于达到病种和机构的全覆盖。复合型健康保险服务支付方式设计可以充分调动各方积极性,建立医疗卫生机构费用自我约束机制、基金风险共担机制以及安全高效的运行机制,促使医疗服务体系的综合改革和健康保险服务支付方式改革同步推进,确保医疗费用控制合理、诊疗服务优质规范、参保人受益增多、基金运行安全高效。

4. 以价值为导向购买服务,目标是提升需方健康产出

价值医疗理论的三个基本原则要求健康保险服务支付方式的设计需要避免仅仅对医疗费用进行事后补偿,应覆盖涉及需方的全生命周期的健康服务,如门诊、住院、转诊、预防、康复等,这也是健康保险基金价值所在。通过"关口前移"减少疾病的发生等健康管理措施可以极大地提升有限医疗保险基金的使用效率和健康效益。因此在健康保险服务支付方式的设计框架中，一方面应侧重购买健康服务来促进医疗卫生机构提升服务质量以及优化治疗效果，另一方面通过上级医疗卫生机构的能力优势，加强对基层医疗机构的技术支持，强化基层医疗机构的疾病防控和管理工作，上下级医疗卫生机构共同组建健康管理服务团队，通过对口帮扶等形式，提升服务质量，加强慢性病管理，从源头上控制疾病的发生，维护居民健康。

健康保险服务支付方式改革中"超支不补、结余留用"的设计理念的转变能够最大限度地激发基金结余对医疗卫生机构的引导和规范作用，从而提供更多的保健服务，提高需方健康水平，实现从单纯提供医疗服务向重视健康维护的转变。目前，我国基层医疗机构需要兼顾公共卫生和基本医疗两项工作，且近年来"重预防、轻医疗"的现象愈加明显。但是，两方面的服务分别由公共卫生经费和医疗保险予以补偿，缺乏基金支付的深度融合，因而难以达到最佳的增进健康效果。并且，现阶段各地的医疗保险基金大多仅涵盖基本医疗，而不涉及公共卫生，并不符合从健康价值角度出发的健康保险战略性购买理念。

在未来健康保险服务支付方式改革进程中，在支付范围方面，应将公共卫生服务经费与医疗保险基金打包整合成健康保险基金，并打包预付给服务供方，促进服务提供更加侧重于医疗服务与疾病预防、健康管理的深度融合。在服务监管方面，绩效考核指标体系应更加注重健康维护成本以及居民健康水平(人口患病率、总住院率、慢性病急性发生率等)的综合评价，更多地考虑患者补偿水平及患者流向、基层机构能力建设情况，并与经济收入挂钩，实现健康保险服务支付方式设计与居民健康产出目标相统一。

5．完善风险调整机制，合理设定付费标准

总额预付和按人头付费已经成为国际上整合医疗组织以及价值付

费的重要手段，而风险调整是按人头付费中的一项重要机制。主要根据服务对象的疾病风险差别化确定人头费额度，能够有效地减少医疗卫生机构对患者的风险选择。应当按照服务对象的年龄、性别、疾病、健康产出等具备个体差别的特征对人头费进行调整，计算当年的预付总额。根据国内外实践，赋予医疗机构和医生剩余索取权和剩余控制权是健康保险支付制度设计的关键，通过基金“结余留用”的设计理念和思路可以促进整合型服务组织内各成员单位相互协作，提供整合、协同的服务，实现提高服务质量、降低医疗费用的目标，推动以疾病为中心向以健康为中心转变。因此，价值导向的健康保险战略性购买需要引入“基金结余”的优化设计，通过风险调整机制融入健康成本与健康产出的测评，突破以往结余分配中对健康结果考量不足的瓶颈，与国际趋势接轨，同时也与健康中国战略相契合。

参考文献

[1] 陈金甫. 实施价值导向的医保战略性购买[J]. 健康管理，2017(12):105-110.

[2] 褚福灵. 建立基于价值导向的医保支付制度[J]. 中国医疗保险，2017(11):34-35.

[3] 何子英，郁建兴. 走向“全民健康覆盖”——有效的规制与积极的战略性购买[J]. 浙江社会科学，2017(2):59-65,157.

[4] 傅鸿翔. 主动的战略性购买——试论医疗服务的基金购买策略[J]. 中国医疗保险，2012(9):9-11.

[5] 胡善联. 购买有价值的医疗卫生服务[J]. 卫生经济研究，2019(2):3-6.

[6] 张晓. 医保支付的出发点是价值[J]. 中国医疗保险，2017

(11):32.
[7] 刘军民. 关于政府购买卫生服务改革的评析[J]. 华中师范大学学报(人文社会科学版),2008(1):35-42.
[8] 王小万,李蕾,刘丽杭. 卫生服务购买的基本理论与模式[J]. 中国卫生经济,2006(6):29-34.
[9] 张清逸. 基于公共产品理论推进国家基本药物制度的机制研究[J]. 中国医药科学,2015(2):134-136,142.
[10] 彭磊,蒋思宇,熊光练. 两种医疗支付方式博弈理论分析[J]. 中国社会医学杂志,2014(5):310-312.
[11] 徐玮. 医保支付制度改革利益相关者分析及思考[J]. 中国卫生资源,2013(2):137-139.
[12] 项莉,熊巨洋,陈瑶,等. 新型农村合作医疗供方支付方式的利益相关者分析[J]. 中国卫生政策研究,2009(9):1-5.
[13] 柯贵芳,张萌,仲星光,等. 基于利益相关者理论的新农合支付方式改革评价指标体系研究[J]. 医学与社会,2017(12):58-61,64.
[14] 朱俊生. 国家医疗保障局的新使命[J]. 中国医疗保险,2018(4):10.
[15] 尹明芳,徐爱军,梁红云,等. 医疗机构药品集中采购质量层次划分研究[J]. 药学与临床研究,2014(1):5-14.
[16] 陈昊. "三明联盟"会步入常态[J]. 中国卫生,2016(11):55-57.
[17] 马婧,徐爱军. 药品地市带量采购模式研究进展与福建省各市药品采购模式分析[J]. 中国药房,2018(11):1458-1462.
[18] 崔啸天,傅鸿鹏. 我国地市级药品自主采购模式探索[J]. 卫生经济研究,2017(12):48-51.

[19] 胡善联. 带量采购的经济学理论基础和影响分析[J]. 卫生软科学, 2019(1):3-5.
[20] 任静, 宋大平, 程念, 等. 我国医保药品谈判相关问题探讨[J]. 中国农村卫生事业管理, 2018(5):561-563.
[21] 董朝晖. 如何建立药品谈判机制[J]. 中国社会保障, 2015(7):74-77.
[22] 马爱霞, 张籍元, 钱焊森, 等. 医保支付价背景下药物经济学评价的应用探索[J]. 中国卫生经济, 2018(2):74-76.
[23] 王东进. 进一步深化医保支付改革的再认识——兼议国家医保药品目录准入谈判的启示[J]. 中国医疗保险, 2017(10):1-4.
[24] 谢春艳, 胡善联, 孙国桢, 等. 我国医疗保险费用支付方式改革的探索与经验[J]. 中国卫生经济, 2010(5):27-29.
[25] 周绿林, 许兴龙, 陈羲. 基于医保支付方式改革的医疗服务体系优化研究综述[J]. 中国卫生事业管理, 2015(8):596-598.
[26] 张朝阳, 潘伟, 朱坤, 等. 医保支付方式改革实践与启示——基于卫十一项目探索[J]. 中国卫生政策研究, 2017(9):1-7.
[27] 张源, 谭卉妍, 吴洋, 等. 我国基本医疗保险支付方式存在的突出问题及对策[J]. 中国卫生经济, 2015(3):23-25.
[28] 孟庆跃. 医疗保险支付方式改革对费用控制的影响分析[J]. 卫生经济研究, 2002(9):18-21.
[29] 方鹏骞, 赵圣文, 张霄艳, 等. 我国基本医疗保险制度的成就、挑战及对策[J]. 中国卫生经济, 2016(7):12-14.
[30] 朱晓丽, 郑英, 代涛, 等. 医保支付方式对促进整合医疗卫生服务激励机制分析[J]. 中国卫生经济, 2018(9):24-26.
[31] 茅雯辉, 陈文. 捆绑支付及其对我国医疗支付方式改革的启示[J]. 中国卫生资源, 2016(6):528-532.

[32] 刘海兰，何胜红，肖俊辉，等. 新医改背景下我国社会医疗保险供方支付方式改革研究[J]. 劳动保障世界(理论版)，2013(2):30-32.
[33] 徐伟，马丽，高楠. 医保药品目录动态调整机制研究[J]. 卫生经济研究，2017(11):51-53.
[34] 刘敏. 药品集中招标采购制度控费效应的实证分析[J]. 财会学习，2018(10):214.
[35] 赵青. 药品集中带量采购落地难点何在[J]. 法人，2019(3):80-81.
[36] 李琛，刘艺敏，王文杰，等. 我国药品集中采购工作回顾与展望[J]. 中国医院管理，2018(9):17-19,23.
[37] 邵蓉，薛礼浚. 医疗资源平衡视角下的中美医保药品目录控费政策对比[J]. 广东药科大学学报，2018(3):340-345.
[38] 蔡雪妮. 中国药品集中采购的演变以及与医保支付的逻辑关系[J]. 中国卫生政策研究，2017(6):6-12.
[39] 何继明. 药品目录动态调整机制何解? [J]. 中国社会保障，2017(6):85.
[40] 周尚成. 我国医保谈判机制政策的设计与评价——基于镇江、成都文本的考察[J]. 中国卫生事业管理，2012(1):23-25.
[41] 周绿林，胡大洋，陈新中，等. 医患保和谐共赢——构建医保谈判机制的着力点[J]. 中国医疗保险，2009(12):30-31,35.
[42] 王宗凡. 医保谈判机制的制约因素及政策建议——医疗保险谈判机制探析之四[J]. 中国社会保障，2011(7):72-74.
[43] 张研，张亮. 健康中国背景下医疗保障制度向健康保障制度转型探索[J]. 中国卫生政策研究，2018(1):2-5.
[44] 赵斌. 国际社会医疗保障制度发展趋势:走向“战略性购买”

[J]. 中国医疗保险，2016(12):17-21.

[45] 海韵. 医保支付制度改革需要把握的若干关键问题探讨——药品价格形成机制与医保支付研讨会观点综述[J]. 中国医疗保险，2017(11):36-39.

[46] 沈世勇，张健明，曾瑞明. 论医保基金收支平衡中的价值取向——基于制度可持续的视角[J]. 医学与哲学，2017(5):38-42.

[47] 朱坤，张小娟. 医疗保险风险调整机制的国际经验及启示[J]. 中国卫生事业管理，2014(4):264-268.

[48] 赵斌. 实现医保"价值付费"的基础条件和实现路径[J]. 中国人力资源社会保障，2018(12):40-41.

（崔斌　苏岱）

CHAPTER 6

第六章

引领健康价值共创的健康保险服务包设计

医疗保险服务包是分担参保人疾病经济风险的重要方式，迈向健康保险后，服务包设计理念应得到相应扩展，在发挥保障居民健康需求的基本功能之外，不再仅关注疾病带来的经济负担，而更加注重健康价值以及对居民健康行为的引导，最终推动居民健康水平提高，促进价值共创实现。本章结合健康社会决定因素和健康价值共创理念，进一步探讨如何开展健康保险下的服务包设计。

第一节 健康保险服务包设计的目标与理论基础

健康中国时代背景赋予健康保险服务包设计以新的目标内涵与寄托，倡导引导健康行为与体现健康价值。本节在传统医疗保险需方补偿设计理论基础上，探索健康保险服务包设计新理念，为健康保险补偿设计奠定理论基础。

一、健康保险服务包设计的目标

（一）分担健康风险，减轻个人负担

保险制度本质上是一种分配关系，它是按劳分配的补充。医疗保险将积累的资金通过再次分配补偿给部分因疾病而有损失的人，共同承担疾病风险，尤其让难以负担高昂费用的弱势群体有机会得到救治，提高基本医疗服务的可及性，减轻患者个人负担，给予患者看病的基本保障，保障社会公平，这也是设置保障制度最根本的原因与目标。健康保险补偿制度设计的首要目标同样是分担健康风险，减轻个人负担，让人人都能公平地享有基本健康保障，让健康服务公平可及，人人都享有维护健康的权益。

（二）引导合理行为，提升卫生资源利用效率

保险作为经济调节杠杆，很重要的作用在于调控利益关系，引导各利益相关方行为朝着理想的方向前进。在医疗服务领域，由于多方面原因使得服务供需双方存在不合理行为，形成价值共毁的现状。健康保险有必要承担起引导双方行为的职责，通过对供需双方健康风险进行科学、合理的补偿设计，引导双方合理行为。一方面，促使供方关注健康价值，注重疾病预防与健康管理，合理利用现有卫生资源提供健康服务；另一方面，采用差异化服务包设计方案，通过不同的补偿范围、覆盖人群及报销比例促使参保人主动选择适宜的、最有价值的健康服务。同时，主动提高自身健康意识，改善健康行为，合理利用卫生资源，提高资源利用效率。

（三）以健康为导向，关注健康结果

健康是人类发展的基础，是社会进步、国家繁荣、民族昌盛的标志。健康保险制度设计与传统医疗保险制度设计的不同之处在于它注重以健康为导向，在减轻患者疾病经济负担的同时做好健康风险防护，保障方式也从被动的疾病补偿转为主动风险干预。对供方服务价值的考核以健康结果为依据，具体包括延长寿命、改善生活质量、降低发病率与死亡率、提升人群生活幸福感等。因此，健康保险服务包的设计需紧紧围绕“健康”主题，将涉及健康的服务项目等纳入补偿范围，扩展健康保险补偿范畴。

二、健康保险服务包设计的理论基础

（一）福利经济学体现的公平性

福利经济学认为通过实行普遍的社会保障制度，使劳动者的患病、

残疾、失业和养老都能得到适当的物质帮助和社会服务，并能通过有效的收入转移支付实现社会公平，这是现代西方国家社会保障制度的理论基石。1942年，英国牛津大学教授贝弗里奇勋爵的《贝弗里奇报告——社会保险和相关服务》，更是提出要根据普遍性原则（社会保障的实施范围应包括所有公民）、政府统一管理原则（政府通过国民收入再分配形式组织实施社会保障措施）、全面保障原则（所谓“从摇篮到坟墓”社会保障体系）三原则系统实行社会保障全面覆盖，包括健康保障在内的社会保障政策设计也应贯彻这一原则。

医疗卫生事业是具有公益性、福利性的特殊服务行业，是社会福利的重要组成部分。卫生资源是一种稀缺资源，任何社会都需要考虑如何利用有限资源提高居民健康水平。福利主义所主张的公平性、普遍性和福利性的基本价值取向在本质上统一于公平性这一基石，普遍性和福利性是公平性的合理延伸，为健康保险服务包设计提供了分析框架与理论支撑。从总体看，福利经济学的社会保障理论对包括医疗卫生服务在内的社会保障政策的制定和实施产生了深远影响，在设计健康保险服务包时也应体现公平性，合理制定健康服务项目，保证社会各个群体能够不分身份、不分性别、不分年龄，公平地享有健康服务的权利和机会。

（二）根据健康社会决定因素扩大服务包内容

世界卫生组织（WHO）认为，在直接导致疾病的因素之外，人们居住和工作的环境、社会分层的基本结构和社会条件也会对健康产生重要的影响，是导致疾病的“原因的原因”（cause of cause）。WHO从影响健康的“原因的原因”入手，以实现健康公平为基本价值目标，建立起完整的健康社会决定因素概念框架（图6-1），提出应该从生理、行为、心

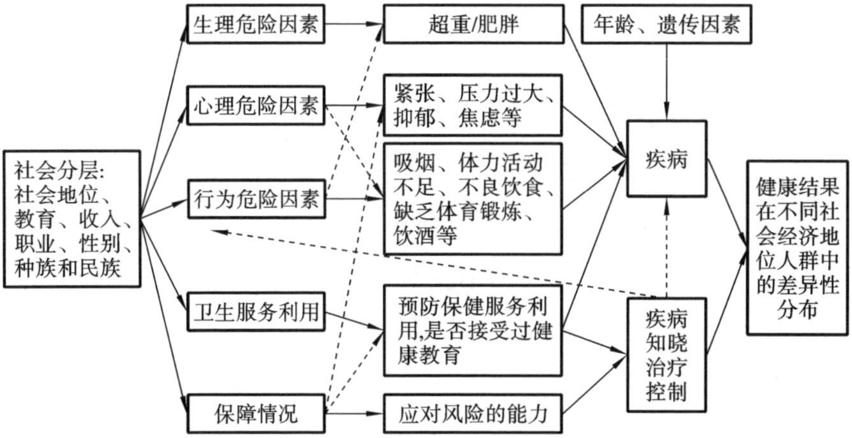

图 6-1　健康社会决定因素的作用机制

理等方面采取行动,通过将健康融入所有政策,来改善健康公平,促进健康发展。

没有全民健康,就没有全面小康。关注健康结果是健康中国建设过程中必须践行的理念。而健康结果涉及方方面面,对健康的维护不仅是对疾病进行治疗,还包括疾病的一级、二级、三级预防,疾病的后期康复,重点疾病管理等。广泛开展疾病的三级预防,可以有效地减少疾病发生,以及减轻随之而来的沉重疾病经济负担,使卫生资源投入更具有成本效益。因此,对于健康保险服务包设计而言,除应对疾病治疗的费用予以补偿外,还应将一些已被证明行之有效的疾病预防和健康管理措施纳入补偿范围,引导居民积极主动地开展疾病三级预防和自我健康管理。如此,不仅能降低居民疾病发生率、减轻疾病严重程度,还可减轻疾病治疗的经济负担,减少基金消耗,从而提升整个保险基金的使用效率,具有很好的成本效益。此外,健康保险服务包应逐步将特殊疾病门诊服务覆盖,比如肺结核,作为慢性传染性疾病,若能尽早进行规范化治疗，可以使患者得以尽快康复，减少人群传播，具有较高的效益外在性。

(三)价值共创理论

价值共创理论源于营销学，随着市场竞争环境的变化，价值不再是企业单独创造，而是企业和顾客互动共同创造。由此，价值创造的研究视角从价值的单独创造向共同创造转变，即价值创造主体共同构成一个社会化的网络生态系统，通过服务交换和资源整合共同创造价值，是主张多方参与的动态网络互动。价值共创早期主要关注顾客和企业共创价值的二元关系，Heinone 等提出顾客主导逻辑(customer-dominant logic)，将价值创造关注点从企业过程转向以顾客为中心，研究顾客消费实践中创造的价值，将顾客作为一种生产要素资源投入价值创造转换活动中，关注顾客独创价值。随着网络经济的发展，价值创造的主体更为复杂和多元，供应商、合作者、商业伙伴、竞争者和顾客等不同主体共同参与创造价值，价值共创的研究开始广泛关注多个参与者共创价值的网络关系，服务主导逻辑不断升级，从更宏观的角度衍生了服务科学、服务生态系统。

在医疗卫生领域，也强调价值共创，涉及的主体包括患者、健康居民、服务供方、医疗保险方、政府，在服务提供和利用过程中共同创造价值。但是聚焦到服务包设计这一环节中，价值共创强调需方主体责任，是通过对需方合理的补偿政策引导其为自己的健康负责，更加关注预防疾病，利用保健服务，在合理有效利用卫生资源的同时提高健康水平。

相应的，有价值共创就有价值共毁，在价值共创的研究发展过程中，有研究指出价值共毁是企业与顾客之间互动的显著特征，甚至有研究认为价值共毁发生的概率很可能要大于价值共创。Plé 和 Cáceres 在 2010 年正式提出了价值共毁的概念，它是指在价值创造的互动过程中，由于参与者故意或偶然地滥用己方或他方资源而造成至少一方福利减少的情形。所谓滥用资源是指某一参与者未能以一种合适的、其他参与者期待的方式来集成和（或）应用资源。

价值共毁与价值共创都是指参与者之间创造价值的一种互动过程，其中，价值共创意味着实现了高水平的令参与者满意的价值产出，而价值共毁则意味着实现了低水平的令参与者不满意的价值产出。之后有许多后续研究根据价值形成的互动过程中发生作用的时间节点，从互动前、互动中和互动后三个方面对价值共毁的原因进行分析。其中，互动前主要影响因素有缺乏信任、地位不对等与缺乏资源；互动中主要影响因素包括资源滥用、沟通不充分或协调不一致；互动后主要影响因素是资源滥用造成了低水平的价值产出，而不同参与者感知到的价值水平可能存在不对等现象，会调节低水平产出导致的负面情绪，这种负面情绪直接造成参与者主观福利的减少。

在越来越关注健康的时代，价值共创理念被引入医疗卫生领域，强调健康价值不仅仅是医疗供方单方面作用就可实现的，需要需方、医疗保险方、政府多方共同参与互动。一方面，在健康价值理念下，供方需要提供健康服务，该服务对需方产生健康引导作用，影响和改变需方服务利用行为；另一方面，医疗保险方的补偿政策会影响供需双方行为，尤其是需方疾病/健康风险分担的补偿政策直接引导需方行为。此外，需方健康意识的提高以及对医疗服务、健康服务的利用和消费会对整体卫生资源产生影响，也会反馈给服务供方提示其需要提供哪方面服务。但是，就目前医疗市场和就医秩序来讲，虽然需方健康意识开始提升，但对卫生资源的利用处于不明智状态，有过度消耗卫生资源的现象发生，造成了一定程度的浪费，这是一种低水平的、令参与者们不满意的价值产出，形成了一种价值共毁状态。价值共创理念及价值共毁的现状给健康保险服务包设计带来的很重要的启示：通过有效的服务包设计（包含医疗、预防、保健等）让个人责任得以体现，让居民对自己的健康负责，使其在合理利用健康资源的情况下提高健康水平，从而实现高水平的价值产出。

第二节 我国基本医疗保险服务包设计特点及存在的问题

了解我国现行基本医疗保险服务包的基本内容与发展趋势，有利于把握服务包设计理念的变化，本节结合需方健康风险转变剖析现行基本医疗保险服务包存在的问题，为健康保险服务包的设计提供新思路。

一、我国基本医疗保险服务包的发展趋势及特点

（一）突出反健康贫困，向贫困人口倾斜

新医改以来，我国基本医疗保险进入了有史以来最快发展时期，2018 年参加全国基本医疗保险的人数达 134459 万人，参保率稳定在 95%以上，基本实现人口全覆盖。除了保障对象规模不断扩大外，在保障程度上，医疗保险不断体现出保障社会公平的特征，通过倾斜政策，减轻弱势群体的疾病负担。对于建档立卡的贫困人口，大病保险起付标准降低 50%，支付比例提高 5 个百分点，经基本医疗保险、大病保险

和其他保障措施报销后的个人负担部分，在年度救助限额内按不低于70%的比例给予救助。基本医疗保险、大病保险、医疗救助的倾斜政策，在很大程度上将现行标准下的农村因病致贫(返贫)人口的个人自付医疗费用控制在可承受范围内。

(二)以健康结果为导向，将预防保健和健康管理纳入支付范围

我国基本医疗保险的补偿范围包括普通门诊、大病门诊和住院。随着人均寿命延长、疾病谱的变化以及人民群众对健康的追求越来越高，健康需求越来越多元化，基本医疗保险的补偿范围随之不断扩大。早有地方实践将预防保健、健康管理、慢性病门诊纳入补偿范围，医疗保险的保障范畴越发宽广，引导人们主动关注健康、维护健康。例如，2008年，青岛市将社区卫生服务纳入医疗保险基金支付范围，将门诊大病纳入社区管理，将预防保健和健康管理纳入门诊统筹基金支付范围。2015年，宁波市将家庭医生签约服务费纳入医疗保险支付范围。在每人每年150元的签约服务费中，医疗保险统筹基金支付50元。同时，参保人个人承担的50元费用可以由个人账户支付，相当于医疗保险共支付了三分之二的签约费用。安徽省基本医疗服务包中同时将特殊慢性病门诊、大额普通门诊、常见慢性病门诊(不设起付线，补偿比例为55%)纳入门诊报销范畴。此外，家庭医生签约服务也被纳入医疗保险支付范围。江苏省盐城市大丰区医疗保险在签约服务包中承担一定的补偿职责，需方自付标准由扣除医疗保险补偿金额和打包减免金额之后获得。

(三)实施共付、分级诊疗制度，引导患者合理利用资源

当前，我国处于经济转型时期，区域之间、行业之间、人群之间收入分配差距较大，无法通过社会保障制度来抹平这一差距，我国多层次费

用分担体系既保障了基本待遇的公平性，又承认了收入差距造成的差异性；既体现了政府对公众基本健康的责任，又要求个人对自身的健康承担必要的责任。

为了引导参保人有序就诊，推动分级诊疗制度实施，我国基本医疗保险制度试图通过个人与医疗保险共付的制度，强化参保人个人主体责任意识。一方面，医疗保险针对不同级别医疗机构普遍设计了差异化补偿水平，不同级别定点医疗机构，适用的起付线、封顶线、共付比例，甚至病种范围等皆有不同。通常基层医疗机构起付线较低或取消起付线，患者自付比例低。随着医疗机构级别升高，起付线和患者自付比例随之升高，差异化的补偿水平对于引导患者基层首诊，形成有序就诊秩序有积极作用。另一方面，医疗保险针对住院、门诊服务不同病种、报销比的设置，有利于引导参保人减少住院服务利用。

除了共付制度，转诊制度的设定对于引导患者合理利用医疗服务资源发挥了重要作用。例如，安徽省县域医共体的实践，县级医院主要负责“100＋N”病种以及重症患者收治，中心(乡镇)卫生院主要负责“50＋N”种常见病住院。村卫生室和乡镇卫生院上转的患者，县级医院优先安排入院；在县级医院完成难度较大的诊治且病情平稳后，转回乡镇卫生院，县级医院派原经治医生跟踪患者至乡镇卫生院，指导后续诊治工作。完善的转诊流程和合理的后续工作安排有利于增加患者基层首诊、双向转诊的安全感和信心。

(四)兼顾社会效应，逐步将重大疾病和罕见病纳入保障范围

医疗保险制度的使命一方面在于降低患者疾病经济风险，另一方面在于维护生命、社会稳定，尤其是对于肿瘤患者、大病患者的保障倾斜，具有重要意义。面对患者变化发展的临床用药需求，医疗保险药品

目录一般常规每2年更新一次。2019年8月，国家医疗保障局、人社部印发《国家基本医疗保险、工伤保险和生育保险药品目录(2019年版)》，此次调整后药品结构发生了较大变化，常规准入部分共新增了148个品种。新增药品覆盖了要优先考虑的国家基本药物、癌症及罕见病等重大疾病治疗用药、慢性病用药、儿童用药等，其中通过常规准入新增重大疾病治疗用药5个，糖尿病等慢性病用药36个，儿童用药38个，药品保障范围进一步扩大。此外，国家医疗保障局公布的《医疗保障待遇清单(2019年版)》将恶性肿瘤门诊放化疗、尿毒症透析、器官移植术后抗排异治疗等需要长期门诊治疗但达不到住院标准的特殊疾病，以及日间手术等在门诊开展比住院更经济、方便的部分医疗服务纳入门诊报销范畴，可参照住院制定相应的管理和支付办法。大病、病重人群的药品目录和医疗保险支付范畴进一步扩大，能在很大程度上降低患者的疾病经济风险，增加治疗可及性。及时的规范化治疗对于维持患者生命、维护家庭幸福和维护社会稳定意义重大。

二、当前医疗保险服务包设计存在的问题

(一)过分关注医疗费用支出

传统的医疗保险服务包主要限定于因患病导致的疾病经济风险，具体分为门诊服务补偿与住院服务补偿。但是目前无论是从住院服务和门诊服务角度讲的补偿，还是从诊疗项目和药品目录角度讲的补偿，医疗保险补偿设计的出发点和关注的对象均是医疗费用，是疾病经济风险，而非健康结果带来的健康价值或健康经济风险。虽然控制费用是目前医疗保险补偿所关注的首要目标，但是随着人们对健康的不断追求，医疗保险补偿范围设计的首要关注目标要逐步转变为健康价值，

将健康维护相关服务纳入覆盖范围，将医疗保险逐步转变为健康保险。

（二）对需方个人责任意识引导不够

在新时期健康中国背景下，国家关于“健康”有了新的立意和命题，医疗保险也要顺势而为，体现健康中国的战略意图，将健康纳入保险设计的范围，向健康保险过渡。目前以疾病为中心的医疗保险服务包设计已与医疗卫生领域相关的系列健康政策步调不一致，作为经济调节杠杆，医疗保险的补偿政策直接关系到需方就诊行为，它在推动健康中国建设中处于至关重要的地位。在现有的医疗保险补偿设计下，由于局限于对医疗费用的补偿，需方没有意识到对自身健康进行维护以及改变生活方式来预防疾病，而是尽可能多地追求优质医疗卫生资源的配置和使用，以期更好地“治愈”疾病，从而引发了一系列不合理的医疗服务利用行为，如越级诊疗、过度住院行为、不合理门诊行为等。这与健康中国建设和提高人们健康水平的价值追求不契合，有效的健康保险服务包设计应是引导需方合理利用有限资源，减少疾病发生和延缓疾病发展，同时享受健康服务，从而达到更高的健康水平。

（三）价值共创设计不足

传统的医疗保障补偿范围具体分为门诊服务补偿与住院服务补偿，现有医疗保险补偿设计的出发点和关注的对象并非健康结果带来的健康价值，价值共创设计不足。目前，转诊制度受到基层服务体系能力低下的限制，没有得到有效落实，保险体系的设计没有强有力地引导居民利用基层服务。在凸显个人责任方面，目前对重点疾病（慢性病、慢性传染病）的政策不利于更好地开展健康管理及体现个人健康责任。家庭医生签约服务中，由于医疗保险未充分介入其中，签约服务大多数提供的是共性的公共卫生服务，缺少个性化的服务。

（四）对基金可持续性考虑不足

虽然我国的医疗保险补偿政策逐渐走向完善，保障水平在不断提升，但仍不及医疗费用增长的速度，“因病致贫、因病返贫”问题仍存在。一方面，目前我国城乡医疗保险体系还没有形成长期稳定的筹资机制和体系，现如今的筹资水平有限，由此限制了医疗保险的抗风险能力，筹资水平和保障水平均达不到医疗费用增长的水平。另一方面，有限的资源没有得到有效使用，服务提供者的诱导以及参保人盲目地不合理利用医疗服务在一定程度上造成了医疗保险基金的浪费，降低了基金使用效率，是一种价值共毁的现状，未体现出参保人的个人主体责任，价值共创理念未得到充分体现，同时影响了医疗保险支付能力的充分发挥。

第三节 基于价值共创的健康保险服务包设计

新时代下，随着人口老龄化和疾病谱的改变，需方健康风险发生了重要转变，在健康中国战略下，维护居民全方位、全生命周期健康是医疗卫生事业追求的目标，需方疾病经济风险也逐渐向健康经济风险转变。

疾病经济风险即人们在疾病的状态下所产生的经济花费，是一般所讲的疾病负担，未涉及日常生活中人们对健康维护所产生的经济花费，是一种被动式的经济风险。而健康经济风险，是人们未患病或者患病中、后，居民自身或医疗服务（健康服务）供方主动对居民健康进行维护时所产生的花费，例如，进行健康体检、健康管理、疾病预防等，是一种主动式的经济风险，这种主动维护健康的方式是健康中国建设的发展趋势，健康保险的发展也要反映经济风险的变化和升级，扩大和更新保障范围，通过服务包设计促进供需双方价值共创，向健康保险迈进。

一、基于价值共创的健康保险需方补偿设计的原则

医疗保险迈向健康保险以后，保障的目标和功能发生了改变，与之相应的健康保险服务包分担设计，在遵循医疗保险补偿设计的三个维度的前提下，要更加突出以下几个原则。

（一）多层次设计，满足不同人群健康需求

目前，我国已经建立以两大基本医疗保险为主、大病保险为辅、民政医疗救助保底、商业医疗保险和慈善基金等为补充的多层次医疗保障体系（图6-2），不同医疗保障形式各司其职，承担各自的医疗费用分担责任，满足不同人群的健康需求。在建设健康中国进程中，为了保障全人群健康，健康保险服务包仍需继续发挥分担疾病风险、保障社会公平的功能，向贫困人口倾斜，兜底保障贫困人口健康。

（二）解决公平性问题，进一步保障社会公平

公平正义是中国特色社会主义的内在要求。社会保障作为国民收入再分配的重要手段，要更加注重公平。在保障对象方面，在近百年的医疗保险发展过程中，现代医疗保险首先是在就业人群或特殊人群中建立起来，再逐步扩展到非就业人群和其他人群，最后形成全民保险。健康保险的建立将更关注人群覆盖的社会公平性，从保险制度的全覆盖转向人口的全覆盖，解决目前医疗保险中普遍存在的公平性问题。一是制度公平性问题，主要是城镇职工基本医疗保险与城乡居民基本医疗保险（包括新型农村合作医疗）参保人之间存在的巨大“待遇差”，

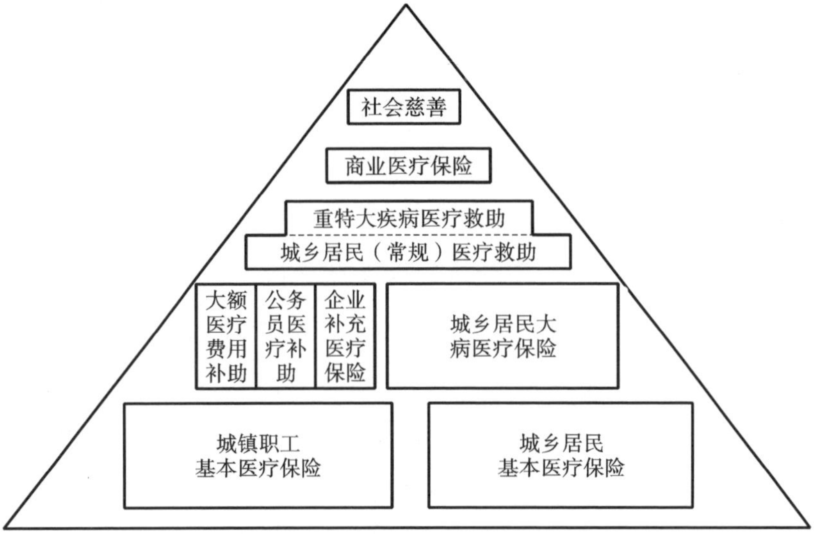

图 6-2　我国多层次医疗保障体系

即双轨制问题；二是区域公平性问题，主要是跨地区流动中医疗保险关系转移接续和异地就医报销结算问题；三是城乡公平问题，主要是城乡医疗保险制度融合和基金统筹问题。转向健康保险后，社会公平将充分体现在健康保险筹资、补偿范围、补偿比例、人群受益、服务管理等各个方面。

（三）凸显个体责任，体现价值共创

我国多层次的医疗保险体系既体现了政府对公众基本健康的责任，又要求个人通过一定的自付比例及合理就医行为对自身健康承担起必要的个体责任，体现价值共创。在价值共创理念下，健康保险服务包的设计一方面要提高需方健康水平，减轻患者个人负担；另一方面要通过科学的补偿设计引导需方合理利用健康/卫生服务，抑制不合理就医需求，提升资源利用效率，并维持保险基金可持续发展。国家医疗保

障局发布的统计数据显示，2018年全国跨省异地就医住院费用直接结算132万人次，是2017年的6.3倍，异地就医人次呈上升趋势，异地就医患者的补偿问题不容忽视。健康保险的服务包设计需要将这一现实特点考虑在内，在保障社会公平、便利报销的同时，激发参保人对自身健康的主体责任，发挥主观能动性，对自身健康负责。

（四）倡导医防融合，提升居民健康获得感

随着经济社会的发展，人们收入水平不断提高，人们更加重视生命质量和自身健康，渴望获得公平可及、系统连续的健康服务，健康需求呈现多层次、多样化的特点。在健康保险制度设计的过程中，在体现社会公平、提升资源利用效率的同时，需要重点关注需方健康结果的改善。因此，健康保险保障范围的设计要将辖区居民最必需的、改善健康效果最明显的医疗卫生服务内容纳入保障内容。从现有的研究可知，在居民健康保健和疾病预防措施上的投入显然比疾病治疗具有更好的成本效益。因此，在健康保险补偿方案设计中，除了保障原有的疾病治疗服务外，要更多地将疾病预防和健康管理服务纳入保险范围，并积极倡导防治结合，使有限的健康保险基金投入能得到更好的健康产出，使居民健康服务利用的社会公平性得到显著改善，减少因支付能力不足导致居民健康需求得不到满足的情况发生，提升居民健康获得感。

二、基于价值共创的健康保险服务包设计思路

健康保险相较于医疗保险的一个转变就是需方健康风险分担设计的关注点将由单纯关注疾病转变为关注人群全生命周期健康，由关注疾病经济负担转变为关注健康投资，由关注医疗效果转变为关注健康产出（图6-3）。

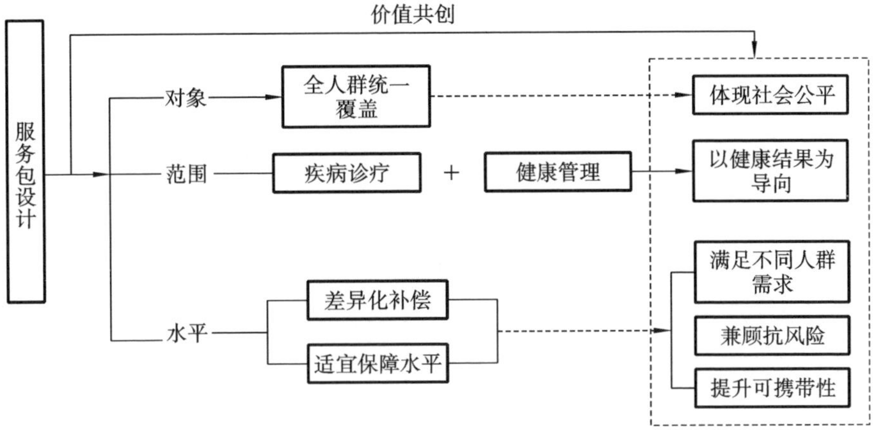

图 6-3　基于价值共创的健康保险服务包设计

基于价值共创的健康保险服务包设计既要分担参保人健康风险，体现社会公平，又要通过共付机制凸显参保人个人主体意识，引导参保人的健康行为，体现效率兼顾。在全人群统一覆盖基础上向贫困人口倾斜，反健康贫困。除了疾病诊疗，健康保险服务包补偿范围将健康管理、预防保健同时纳入，扩展补偿内容。差异化的补偿方案、适宜的保障水平及共付比例，引导参保人自身的健康责任意识和社会责任意识，体现价值共创，最后实现健康保险分担健康风险、引导健康行为、改善健康结果、保持基金可持续的目标。

(一)体现社会公平

福利经济学为医疗保障制度对经济福利的分配作用提供了借鉴。对于医疗保障，多数学者认为公平比效率更为优先。1996 年世界卫生组织在《健康与卫生服务公平性》倡议书中强调：公平意味着生存机会的分配应以需要为导向，而不是取决于社会特权。健康保障制度的分配公平也应保障每个社会成员在需要的时候均有相等的机会获得医疗服务，以基本生存标准为主要分配导向。因此，健康服务包设计要尽可能地覆盖所有人口，使所有社会成员都有权利得到合适的健康保障，并充分保障不同人群在健康保障受益方面的公平性，而一个广覆盖的健康保险体系，可以在健康状况和收入状况不同的人群间较好地分担疾病风险和医疗负担。

如今，新型农村合作医疗和城镇居民基本医疗保险已合并为城乡居民基本医疗保险，医疗保险覆盖公平性得以提升。从医疗保险转向健康保险后，人群覆盖将由医疗保险时代的分人群覆盖，不同人群实施不同的保险筹资、保险范围和补偿方案，转向健康保险时代的全人群统一覆盖，城乡居民基本医疗保险与城镇职工基本医疗保险合并将成为一种趋势。未来健康保险补偿方案制度首要考虑的不是根据筹资额多少量入为出，而是人群健康水平改善需要的社会公平性。根据健康水平改善需要制定系统的全社会人群健康投资方案。在筹资、服务利用、补偿等方面体现制度的垂直公平和水平公平，做到按需投资、按需利用、按需保障。

(二)以健康结果为导向

医疗保险的功能是实现疾病风险的转移分担，并补偿参保人因病带来的医疗费用，传统的医疗保险关注的重点是疾病及其产生的费用。但从医疗保险转向健康保险以后，其目的将从减小费用风险转向参保人健康风险的综合控制，关注健康结果。健康风险是指在人的生命过程中，因自然、社会和人自身发展的诸多因素，导致人出现疾病、伤残以及造成健康损失的可能性。健康保险关注如何降低健康风险从而得到更好的健康产出，它关注的重点是人群健康管理，体现“以人为中心”的理念，从医疗保险转向健康保险后，健康保险更加关注人的全生命周期健康，其保障范围相应地将由医疗保险时代的补偿因疾病诊疗而带来的医疗费用支出，转变为补偿所有健康维护和改善措施的必需支出。将家庭医生签约服务包纳入医疗保险支付范围能够在很大程度上提升居民获得基本公共卫生和基本医疗服务的可及性和公平性，需要将安徽、罗湖、大丰等地的实践进行推广。此外，未来还需进一步将健康管理、政府提供的公共卫生服务纳入并进行整合，通过改变卫生服务提供，引导需方行为改变，这对于分担居民健康风险、维护居民健康具有重要意义。

（三）促进价值共创

1. 共付机制

健康保险服务包主要通过共付机制约束个人行为，体现价值共创。共付制度，又称为成本分担制，即要求患者在就医时自付一定比例的费用。从经济学角度看，共付制度的效用大小取决于医疗服务的需求具有的价格弹性大小，弹性越大，其效用越大。但若医疗服务的需求是刚性的，那么随着医疗费用的增加，共付不仅会加重参保人的经济负担，还可能会使参保人由于负担过重而得不到必需的医疗服务导致健康状况恶化。因此，制定合理的共付比例十分必要。共付设计包括设定起付线、封顶线、共付比例等。

采用设定起付线的方式可以增强参保人的费用意识，制约或限制一部分非必需的医疗需求，抑制“小病大养”，起到事前控制不合理医疗消费行为的作用，有利于减少医疗资源浪费。但设定起付线方式的难点在于起付线的合理确定，起付线的高低直接影响医疗服务的利用效率和参保人的就医行为。起付线过低，可能导致参保人过度利用医疗服务，不利于有效控制医疗费用；起付线过高，可能超过部分参保人的承受能力，抑制其正常的医疗需求，导致少数参保人小病不及时就医而变成大病，反而增加医疗费用，不利于解决“因病致贫、因病返贫”问题。另外，过高的起付线可能影响参保人参加医疗保障的积极性，造成医疗保障覆盖面和受益面减小。

采用设定封顶线的方式，将高额医疗费用剔除在医疗保障支付范围之外，有利于限制参保人对高额医疗服务的过度需求，以及医药服务提供者对高额医疗服务的过度提供；还可鼓励参保人重视自身的身心健康，注重预防疾病，增强身体素质以减少疾病发生，防止小病不治酿成大病。从健康保险的本质和特点来看，大病、重病的发生概率小，但经济风险高，是所有医疗服务中最符合保险原理、最需要保障的部分，特别是在医疗保障方式单一的情况下，往往难以对大病、重病的医疗提供有效保障，在一定程度上会增加患者负担。

采用设定共付比例的方式，即医疗保障机构和参保人按一定的比例共同支付医疗费用，这一比例又称共同负担率或共同付费率。共付比例可以是固定比例，也可以是变动比例。共同付费简单直观，易于操作，参保人可根据自己的支付能力适当选择医疗服务，有利于调节医疗服务消费，控制医疗费用；同时由于价格需求弹性的作用，参保人往往选择价格相对较低的服务，有利于降低医疗服务的价格。设定共付比例方式的难点在于参保人自付比例的合理确定，自付比例的高低会直接影响参保人的就医行为。自付比例过低，对参保人制约作用小，达不到控制医疗费用不合理增长的目的；自付比例过高，可能超过参保人承受能力，抑制正常的医疗需求，达不到医疗保障的目的。此外，不同人群和不同收入状况采用同一自付比例，可能出现医疗服务不公平现象。

由此可看出，设定起付线、封顶线、共付比例的方式各有缺陷，为了使共同付费方式更加完善，在健康保险的操作过程中，需要混合采用多种方式实现共付。共付机制的设计一定要对参保人进行有效约束，规范现有健康扶贫政策下贫困患者过度利用住院服务的问题，使其在享受健康保险服务包福利的同时，承担起个人责任。

2．分级诊疗制度

基层首诊、双向转诊制度是在分级诊疗进程中由政府牵头对医疗资源进行优化整合的重要举措。对于减少由于城市综合性大型医院承担大量常见病、多发病的诊疗任务而造成的卫生资源浪费，以及基层医院和社区医疗服务机构需求萎靡、就诊量过少等现象具有重要意义。分级诊疗制度为患者去医疗机构就诊提供了一套规范性流程，在设计健康保险服务包时，应贯彻价值共创理念，凸显参保人主体意识，通过梯度化设计、差异化补偿方案，引导参保人在保证就医质量的前提下，选择费用低、受益程度高的医疗机构就医，促进“基层首诊”“小病在社区，大病进医院”分级诊疗格局形成。根据消费者理性假设，通常如果患者知晓不同级别的医疗机构提供的服务项目内容、质量及价格的差异，就能根据自己的判断和需要主动选择服务机构和服务内容，实现自身健康效用最大化，也使卫生资源利用效率最大化，从而实现卫生资源合理利用，实现健康价值共创。

（四）适宜技术与先进技术相结合

当前，我国社会的主要矛盾已转化为人民群众日益增长的美好生活需要和不平衡不充分的发展之间的矛盾。随着生活水平的提高和健康意识的增强，人民群众更加重视生命质量和健康安全，渴望获得公平可及、系统连续的健康服务。居民日益增长的多层次、多样化的健康需求，对我国的医疗卫生服务体系也提出了更高要求，尤其在倡导推进分级诊疗、将患者留在基层医疗机构的过程中，居民对基层医疗机构能力、条件的期待和要求日益增高。这要求基层医疗机构在做好全科医疗的同时，在专科服务、住院服务、设施设备配备、检验检查能力、适宜技术与先进技术相结合等方面有所提升，能让居民在基层医疗机构得到同质化的优质的医疗服务。健康保险服务包在设计时应体现这一发展变化，与时代特征相结合，将适宜技术与先进技术相结合，让参保人在利用适宜技术的同时，有能力享受到先进技术，同时控制医疗费用，进而满足不同人群的健康需求，提高健康质量。

（五）兼顾抗风险

健康保险在分担健康风险、保障社会公平的同时，仍需关注自身基金安全，兼顾抗风险。在健康保险服务包设计过程中，尤其在反健康贫困时，要处理好补充医疗保险（大病保险、医疗救助等）和基本医疗保险之间的关系，要在“补大”与“补小”之间进行权衡。所谓“补大”是指对住院或非住院的重大慢性病的补偿，“补小”是指对普通门诊的补偿。据此划分，典型的补偿模式有大病统筹模式和住院门诊兼顾。健康保险服务包设计过程中，一方面要对贫困人群、大病人群给予政策倾斜，防止此类人群因大病引发“因病致贫、因病返贫”问题；另一方面要保基本，把握好报销门槛，防止参保人出现小病发展到大病的情况。

（六）提升可携带性

在异地就医需求越来越大的时代背景下，健康保险服务包设计需要提升可携带性，保障患者就医的社会公平。目前医疗保险统筹层次较低，各地医疗保险缴费水平不同，基金规模差异较大，异地就医结算一般会使医疗保险基金资源从较为落后的省或地市，流向发达的省或地市，进一步加剧地方之间医疗水平的差距。同时，优质资源集中的发达城市的医疗保险目录通常比其他地方更加宽泛，基金支付范围更大，使得参保地要预付给流入地的医疗保险金额更高，对参保地的医疗保险基金安全造成很大冲击。健康保险异地就医的补偿应配合分级诊疗一同推进，要加强异地就医备案管理，重点对病种与病情进行严格划分，制定科学合理的补偿水平和补偿方案，引导患者合理就医，抑制盲目及不合理的卫生资源利用，同时，提升基金使用效率，维护基金平衡及可持续发展。

参考文献

[1] [英]庇古. 福利经济学[M]. 金镝，译. 北京：华夏出版社，2007.

[2] Vargo S L, Lusch R F. Service-dominant logic: continuing the evolution [J]. Journal of the Academy of Marketing Science, 2008, 36(1): 1-10.

[3] Heinonen K, Strandvik T, Mickelsson K J, et al. A customer-dominant logic of service [J]. Journal of Service Management, 2010, 21(4):531-548.

[4] Grönroos C. Service logic revisited: who creates value? And who co-creates? [J]. European Business Review, 2008, 20 (4): 298-314.

[5] Pinho N, Beirão G, Patrício L, et al. Understanding value co-creation in complex services with many actors [J]. Journal of Service Management, 2014, 25(4):470-493.

[6] 陈迎春，李浩淼，方鹏骞，等. 健康中国背景下构建全民医保制度的策略探析[J]. 中国医院管理，2016(11):7-10.

[7] 郑功成，等. 中国社会保障制度变迁与评估[M]. 北京：中国人民大学出版社，2002.

[8] 熊谷尚夫，吴斐丹. 新福利经济学[J]. 现代外国哲学社会科学文摘，1961(4):23-27.

[9] Plé L, Cáceres R C. Not always co-creation: introducing interactional co-destruction of value in service-dominant Logic[J]. Journal of Services Marketing, 2010, 24(6):430-437.

（崔斌　常静阱）

CHAPTER 7

第七章

健康保险发展的国际实践与启示

自 1883 年德国制定了世界上第一部医疗保险法——《疾病社会保险法》以来，医疗保险已有 130 多年的历史，形成了全民保险制度模式、社会医疗保险模式、商业医疗保险模式和储蓄医疗保险模式等。各国的医疗保险仍在不断地进行探索和改革，不仅保障水平得以提高，保障范围也有了跨越式的发展，发达国家和一些发展中国家已经从医疗保险过渡到健康保险。本章着重梳理健康保险国际实践，以期为我国医疗保险向健康保险转型提供经验和启示。

第一节 国际健康保险实践

国际上健康保险实践主要以维护居民健康为核心理念，如美国、德国、英国、韩国、泰国等国家，具体体现在健康保险治理体系的构建、健康保险覆盖范围的拓展、筹资与服务提供的整合、基于价值的健康保险支付以及对重点人群的关注等方面。

一、构建现代化健康保险治理体系

现代“治理”理论体系化形成于 20 世纪 90 年代，指由共同目标支持的活动，这些管理活动的主体不一定是政府，也不依赖于国家的强制力。就医疗保险而言，从“管理”到“治理”的转变，对于增强医疗保险的健康维护功能以及提升其效能与公平性，具有重大意义。

在国际社会，部分国家建立了较为完善的医疗保险治理体制，如德国、法国和荷兰。这些国家都将政府的作用集中于制定市场政策法规并进行监督，对全国卫生和医疗保险运行中的重大问题进行研究和宏观调控，确保市场竞争机制发挥作用，同时对低收入者、残疾人等弱势群体进行救助，保障医疗保险的公平性。其中，德国医疗保险治理体制具有典型性。经过130多年的社会医疗保险体系改革与探索，德国实现了良好的治理，整体效率和社会公平性较高，其整体医疗卫生绩效受到世界卫生组织的好评。德国在医疗保险领域建立了政府治理和社会治理相结合的治理体系，在控制医疗费用增长、协调各方利益、就改革达成共识、减少冲突等方面发挥了重要的作用。

德国社会医疗保险制度的治理架构是以社会治理为核心，有机结合政府治理和社会治理的治理体系，如图7-1所示。在此体系中，政府责任边界明确，在基本法律框架下负责相关政策的执行与监管，在“自治与伙伴关系”原则下，社会自治主体是医疗保险方、医师、医院及其协会组织，自治主体通过平等协商、谈判和博弈，围绕筹资、医疗保险支付范围、基金运作等治理内容，以实现内部利益平衡，最终实现保持与恢复参保人的健康或改善其健康状况的医疗卫生政策目标。如此，德国法定医疗保险的治理实现了“管办分离”。政府的责任仅限于执行法律和实施必要的监督，为法定医疗保险制度的运行提供良好的外部环境而不直接参与社会医疗保险制度的内部运作。政府可帮助医疗保险方、医疗服务供方分别在地方层面和全国层面建立非营利组织独立法人结构。各方代表参与联合组织，将医、患、保带到一个平台上，在医疗保险费率、医疗服务价格、服务数量、服务质量和健康目标等重大问题上，公开博弈、平等协商，最终就相关医疗卫生政策达成共识。同时，医疗机构也维持了自身的利益主导权。按DRGs付费在德国只花了十年就覆盖了97%的出院患者，原因是德国DRGs的分类标准、流程、付费价格以及出院质量的评估，是由医疗保险和医院联盟组成的组织完成的，其中，建立不同利益主体的地位平等的、透明的博弈和协商机制发挥了关键作用。

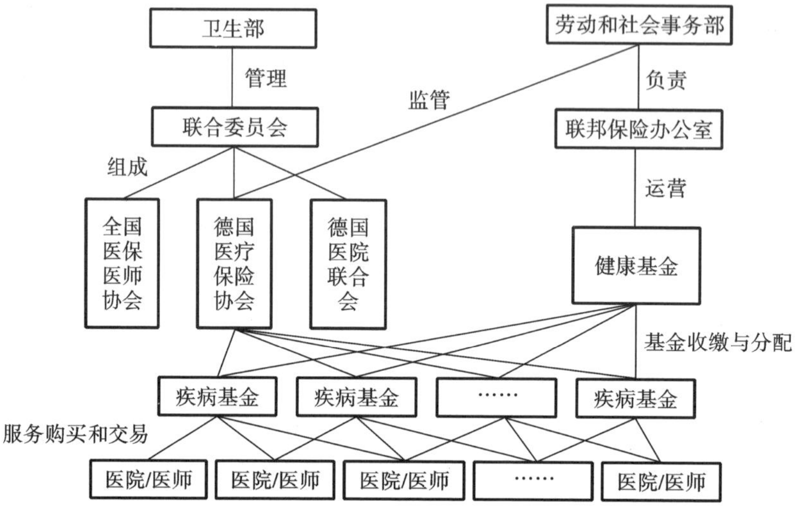

图 7-1 德国社会医疗保险的治理体系

（图片来源：李珍，赵青．德国社会医疗保险治理体制机制的经验与启示[J]．德国研究，2015(2)：86-99，143.）

二、拓展健康保险覆盖范围

在国际上，许多国家已认识到要实现全民健康覆盖，医疗保险不仅仅需要在疾病发生时分担患者的疾病经济风险，更需要真正参与到患者的健康维护中去，从疾病预防和疾病治疗到疾病康复和健康管理，医疗保险都可以发挥作用。将医疗保险支付范围覆盖到健康促进和疾病预防等方面，是医疗保险转变为健康保险的一大重要体现。

（一）健康管理纳入医疗保险覆盖范围

1．美国

健康管理与医疗保险的结合是美国医疗保险发展进程中一个极为重要的里程碑。美国的健康管理兴起的原因是为了控制不断增加的医疗费用。健康保险机构借助健康教育、健康促进活动、慢性病管理等健康管理措施，同时辅以各种激励措施，通过提高被保险人的健康水平来减少医疗费用，从而降低医疗保险赔付额。健康管理诞生之后，对各国医疗保险的发展都起到了积极作用。健康管理发生了重要转变，“事前预防、事中治疗、事后康复”的全程管理代替了转变初期的“事中干预”，激励患者与医疗保险机构、医疗机构合作，共同加强疾病的预防控制，从根本上减少医疗费用增长。

2．德国

德国于1972年颁布《农民医疗保险法》，覆盖农村居民以及农场主、学徒、退休农场职工等，体现了政府对弱势群体的关注。其保障范围包括：①被保险人可以享受预防保健服务，如两年一次的健康体检、牙科保健、大病筛查等；②被保险人可享受门急诊治疗和住院补贴，只需承担少量费用；③被保险人患病、怀孕或休养期间，可以获得补贴和定期检查服务。为了确保被保险人能够承担相应的医疗费用并防止发生灾难性医疗支出，德国建立了自付医疗费用限额制度。被保险人根据经济收入状况承担部分医疗费用，联邦政府及州政府根据其支出额度予以相应补贴。医疗费用基于的是地区经济发展水平及参保人经济水平，而非病情严重程度及药物费用。在农村地区根据农民用地的评估价值将农村收入分为若干等级，按等级缴纳医疗保险费用，最高费用不超过最低费用的6倍，并免除经济收入低于最低水平参保人的法定医疗费用及医疗保险费用。

可以发现，德国农村医疗保险主要存在以下特点：①覆盖范围涵盖几乎所有健康相关服务与全生命周期。②体现经济共担，参保人需自己承担部分费用。③体现公平与个性化：关注重点人群、弱势人群，且参保人承担费用与收入相关。不同缴费标准的人享受同等的医疗保险待遇，健康人与患者之间、高风险者与低风险者之间、单身者与有家庭者之间、年轻者与年老者之间、高收入者与低收入者之间互助共济，体现了社会医疗保险的公平性。

需要注意的是，受农村老龄化影响，德国医疗保险也曾出现资金缺口较大的情况，参保人医疗服务需求的增长速度超过了筹资速度。德国于2004年实施《法定医疗保险现代化法》，针对农村医疗保险进行改革，并于2005年进行了《农民医疗保险法》的第二次修订。改革重点是增加参保人在健康服务中的个人承担份额及责任：①参保人自身积极防病，遇到重大疾病时及时联系医院治疗，防止疾病延误与疾病负担加重；②提高参保人个人支出比例。这使得德国农村医疗保险体系更为完善，在扩大医疗保险覆盖范围的同时，保障基金运行的安全性，减少政府财政支出，提升医疗保险基金使用效率。

（二）多层次医疗保障

新加坡将健康促进和疾病预防作为卫生政策的基本战略，强调个人和政府共同负担医疗服务，通过政府和市场的多层次、多渠道、多主体的健康筹资体系和保障分工共同努力解决医疗服务成本增加的问题。

新加坡实行了由政府补贴保费的形式的保健储蓄计划、健保双全计划、保健基金计划三项有力措施（表7-1）。

表7-1　新加坡多层次医疗保障体系特征

类型	覆盖人群	支付特征
保健储蓄计划	普通人群	允许参保人动用公积金的保健储蓄账户的存款，支付个人或直系家庭成员的医疗费用。在公积金缴纳率（40%）中，普通账户存款占30%，保健储蓄账户占6%，特别账户占4%。保健储蓄账户供支付医疗费用，主要支付公立医院和有执照的私人医院的住院费用和某些门诊费用（如乙型肝炎疫苗、肾脏透析、放射治疗、化学治疗、艾滋病药物治疗、人工授精以及前三个孩子的分娩费用等）

续表

类型	覆盖人群	支付特征
健保双全计划	重病人群	可为参保人支付每天最多120新元的医疗费
保健基金计划	贫困人群	投资收入每年分配给公立医院以协助贫困人群支付他们在公立医院的医疗费用。需要此项医疗援助的患者可以通过其接受治疗的医院医务社会工作者提出申请，医院的保健基金委员会将根据现有的援助指南和申请人的经济状况来决定援助的数额

新加坡的医疗保险制度，突出了针对不同群体、不同健康服务需求的不同层次、不同水平、不同筹资与偿付方式的保障。在保障过程中，既体现了健康风险共担的理念，也充分体现了政府责任和个人责任的结合。这样的医疗保障体系，一方面，强化了居民自我健康维护意识，不是由国家和社会无条件承担医疗补贴，而是通过积极促进预防和健康生活方式，确保人民群众的健康和生产力，不断提高医疗服务效率，同时不断强化个体维护健康的责任；另一方面，充分考虑了居民承担医疗费用的能力。政府为制度的有效运行创造有利条件，政府、个人与团体共担责任，从而确保新加坡公民患病时能够负担医疗费用。

(三)覆盖全生命周期

韩国国民健康保险覆盖范围包括疾病、受伤的预防、诊断、治疗、康复和分娩、健康促进等。同时，为了预防疾病和保持健康，提供额外的体检服务，每2年进行1次健康检查，体力劳动者须每年进行1次健康检查。国民健康保险通过参保人和使用人负担的保险费用等，实施保险津贴(疾病治疗、体检等津贴)政策优惠以提高国民保健水平，增进社会保障效果。

韩国的健康保险虽然按个人的缴纳能力缴费，但对全体国民提供相同水平的保险津贴。保险津贴是指对于投保人及其被抚养人疾病、受伤的预防、诊断、治疗、康复和分娩、健康促进等方面，以实物（服务）津贴或者现金津贴等形式进行支付。实物（服务）津贴包括疗养、健康检查等；现金津贴包括疗养费用、退还金、超过上限事后支付金额、残疾人辅助器具津贴费用、怀孕及分娩诊疗费用等。同时附加发放妊娠、生育诊疗费用，提供与妊娠、生育相关的诊疗费用本人部分负担的金额时可使用的使用券（感恩卡），使用券支援额为1次妊娠支援50万韩元。

（四）覆盖全面的医疗卫生服务

发达国家在健康保险实践中，因其本身具备的经济水平优势，有更强的基础去发挥健康保险的功能。而对于发展中国家，同样可以通过不同的方式，实现医疗保险向健康保险的转型。例如，泰国在政治承诺、公民社会发展和技术可行三个因素的推动下开始实施公共健康保险计划。自2002年以来，超过99%（约6700万）的泰国公民通过三大主要公共健康保险计划获得了健康保护。该健康保险计划不仅覆盖了绝大多数泰国公民，并且覆盖了更为全面的医疗卫生服务。

第一个计划是针对政府雇员及其家属（约占人口的9%）的公务员保险计划，该计划由一般税收资助，由财政部管理。公务员保险计划覆盖了较为全面的医疗卫生服务，包括住院服务、门诊服务、急诊服务、口腔服务、药物和特殊病房等。需要明确的是，以上这些服务由公立医院提供，私立医院只向参保人提供急诊服务。

第二个计划是针对私营企业（占人口的15%）的雇员的社会保障计划，由雇主、雇员和政府平均支付的工资税缴纳，并由劳动部监管。社会保障计划向参保人提供7种保障：子女津贴、养老金、失业津贴、医疗服务补偿、孕妇补贴、残疾补贴和死亡补偿。就医疗服务补偿而言，社会保障计划同样提供全面的医疗卫生服务，涵盖住院、门诊、急诊、口腔服务、药物（国家基本药物目录之内的药物）、健康教育和健康促进等服务或项目。

最后一个计划是全民覆盖计划，凡是泰国公民，没有参加公务员保险计划或社会保障计划者均可以注册参加全民覆盖计划。全民覆盖计划覆盖了泰国大部分人口（约75%），由一般税收资助，并由国家卫生安全局（National Health Security Office，NHSO）监管。全民覆盖计划所覆盖的医疗卫生服务很全面，包含住院、门诊、急诊、慢性病管理、口腔服务、药物（国家基本药物目录之内的药物）、健康教育和健康促进等内容。

泰国凭借三大公共健康保险计划以及在卫生筹资、人力资源和卫生基础设施方面的持续投资，成功地改善了卫生状况，并提供了针对灾难性支出和针对其贫困人口医疗保健支出的财务保护。由于泰国特殊的政治、社会经济和卫生系统背景，期待完全复制泰国实现全民医疗保险覆盖的措施对于中国来说并不现实，但是泰国医疗保险提供全面的医疗卫生服务这一做法仍值得我们借鉴学习。

三、服务提供体系与筹资体系整合

服务整合是国际医疗保险向健康保险转型的重要体现，整合既包含供方所提供服务的整合，如疾病预防、医疗、健康管理的连续性健康服务，也包含医疗保险与健康服务体系的整合。医疗保险与健康服务体系整合的重要形式，是通过医疗保险总额预付，促使服务供方主动提供连续性服务。

(一)美国凯撒医疗集团

美国凯撒医疗集团主要分布在美国西部,是集保险公司、医院集团和医生集团为一体的医疗集团。保险公司为凯撒医疗集团所有,负责出售保险与筹集经费;医院集团负责提供医疗服务场所,在提供医疗服务过程中不得再向患者收取费用;医生集团则定期与凯撒医疗集团进行谈判以获得拨款。保险公司将款项预先支付给医院,医生负责为辖区内居民提供医疗服务。在此支付制度下,医院与医生的行为均会发生改变。

1. 医生主动提升服务质量

保险公司和医院运行越好、盈利越多,医生收益也越多,医生在提供服务时,势必会考虑凯撒医疗集团的整体利益,而整体利益的实现是基于辖区内居民健康水平的。医疗服务质量越高,居民越健康,因此,医疗服务供方会在控制费用的同时,为居民提供高质量的医疗服务。

2. 加强服务质量管理

首先,凯撒医疗集团对医生的培训十分严格,除了提升医生的临床操作能力外,还着力增强医生对凯撒医疗集团服务理念的认同、提高医生与患者互动沟通的能力、提升医生的道德意识。医生接受来自患者的实时评价,若评分达不到标准,那么医生的收入及其职业发展均会受到影响。

3. 引导患者主动预防疾病

有抽烟、喝酒、吸毒、不安全性行为等危险因素的人要多支付保费或者不能加入凯撒医疗保险。

4. 加强健康宣传与健康管理

凯撒医疗集团不遗余力进行健康宣传,印发各种患者手册,设立医生和患者网上沟通渠道等。定期为糖尿病患者测血糖、每年检查糖尿病患者视网膜，强化预防接种和其他预防措施普及率、防治心血管疾病等，多管齐下，加强居民疾病预防和疾病管理。同时，为了节约成本，凯撒医疗集团也会促使医生重视预防和健康管理。医生既需要“治病”，也需要“治未病”，辖区内居民越健康，医生收益越多，生大病、重病以及需要住院的人少了，就能控制医院开支，维护患者健康，实现医疗保险、医疗服务供方与需方的利益均衡。

（二）全科医生资金持有者（GP fund holders）模式

英国国家医疗服务制度是在政府主导下的国家福利性医疗保障制度。其医疗卫生体系包含三个层次：第一层为社区全科医生；第二层为地区医院；第三层为国家卫生服务机构。中央政府将预算资金分配给地区卫生部门，然后由地区卫生部门分配给向全民免费提供医疗服务的医院和全科医生。政府在分配预算时，主要采取按总额预付给公立医院，按人头支付给全科医生。在这种支付制度下，医疗服务提供者将建立充分的健康管理意识，全科医生与地区医院、地区保健中心共同完成各种健康管理服务。全科医生通过加强健康管理和充当“看门人”，有效地控制医疗费用不合理增长。

通过整合服务提供与服务补偿，医生会重视费用控制。医疗服务成本越低，医院收益越多，医生的收入也越高，因此，医生会减少不合理服务的提供，时刻考虑以最低的服务成本提供最高质量的医疗服务。

四、基于价值的健康保险支付

基于价值的健康保险支付体现了以人为本的健康服务理念，是健康保险责任的升华，亦是健康保险本身价值的提升。医疗保险战略性购买在引导医疗行为层面的理想境界，就是实现按价值支付，并引领医疗服务体系的价值导向。基于健康价值的支付，主要是指医疗保险的支付范围、支付水平是基于参保居民或患者的健康产出来确定的。其中较为典型的是美国。

（一）美国基于价值的补偿机制

美国基于价值的补偿机制（value-based reimbursement，VBR）是在管理式医疗的基础上，期望在控制医疗费用的同时确保医疗服务质量。VBR的核心理念为医疗服务应依据其实际价值（治疗或预防的效果）收取费用。具体做法是以患者接受医疗服务后的健康改善状况作为评价标准，基于医疗服务的效率、质量以及效果而不仅仅是医疗服务的数量来对医疗服务供方进行支付。主要表现为对提供优质服务的医疗服务供方进行奖励，减少对表现不佳的医疗服务供方的支付。同时，VBR还将为高质量的健康保险计划提供额外奖励，以鼓励保险公司更好地关注健康管理服务和参保人的健康状况。与管理式医疗（managed care，MC）相比，VBR由医疗服务供方和政府而不是保险机构发起。自2006年以来，由医院、专科医生、家庭医生等医疗机构及其医务人员自愿组成的责任制医疗组织（accountable care organization，ACO）与医疗保险机构签订了合同，主动将治疗费用与医疗服务质量联系起来。与管理式医疗组织不同，ACO不是由保险机构主导，而是由医疗机构和医务人员主导；更重要的是，ACO将医疗费用的支付与医疗服务质量联系起来，实现了以价值为核心的VBR机制。

ACO采用集团总额预付制，区域服务网络（包含专科医院和初级保健门诊）在符合服务质量绩效标准的前提下，结余在成员间进行分配，显著降低了医疗成本并提升了医疗服务质量。根据美国医疗保险与医助服务中心CMS(负责管理社会医疗保险计划的美国公共医疗保险服务平台,目前覆盖1亿人)公布的数据,截至2015年4月,美国的ACO数量已达423个,覆盖792万人并呈快速增长趋势。ACO在2013—2015年节省了18.4亿美元医疗保险基金,扣除分享给医疗服务提供者的结余之后,结余医疗保险基金达到5.417亿美元。随着新兴ACO的出现,管理式医疗机构正试图从按服务项目付费(FFS)转向VBR。

CMS于2006年开始试用VBR,推出医生质量报告,由老年医疗保险(Medicare)认可的ACO进行医疗服务质量指标考核,包含预防和康复等服务,并根据评估结果向ACO返还相应比例医疗费用,以激励医疗机构和医务人员基于价值为居民提供医疗服务。VBR在美国仍处于探索阶段,主要方式为ACO、患者之家、按绩效付费以及捆绑支付4种。Burwell对2010年以来美国基于价值的支付方式设计进行研究发现,无论是按DRGs付费还是按服务项目付费(FFS),70%的患者认为将医疗费用支付与医疗服务质量挂钩的设计有助于服务质量和健康结果的改善。根据引入医疗服务质量程度的不同,美国卫生和公共服务部(HHS)将医疗费用支付机制分为了四类,见表7-2。

表7-2 美国医疗费用支付机制

支付机制类别	支付内涵
类别1:纯FFS	医疗费用支付与医疗服务质量完全没有关联
类别2:以FFS为主,据医疗服务质量指标稍调整支付	处罚发生二次入院、院内感染等情况
类别3:FFS为基础的替代支付机制	分享/分担基于质量指标确定的节约/超额费用
类别4:纯VBR	医疗机构负责特定人群的长期(如3～5年)医疗服务质量,费用支付与医疗服务的使用完全无关,仅取决于人群的健康结果

根据CMS的统计，到2011年，Medicare的绝大多数医疗费用都是根据FFS机制按服务项目支付的。在“奥巴马医疗法案”的推动下，截至2015年初，20%的Medicare支付属于类别3和类别4。而美国卫生和公共服务部制定的目标是到2016年，类别3和类别4的比例要增高至30%，类别2、类别3和类别4的比例增高至85%；到2018年，类别3和类别4的比例增高至50%，类别2、类别3和类别4的比例增高至90%。

（二）英国国家医疗服务制度

英国国家医疗服务制度同样强调健康价值支付。医疗服务体系通过个人健康预算支付广泛的服务和已达成协议的商品。被保险人获得个人健康预算有以下三种方式：①国家预算（national budget），由地方当局或医疗服务体系保管资金，但个人对于可使用的具体预算数额是清楚的。②第三方预算（third party budget），以独立于个人、地方当局和医疗服务体系专员们之外的组织作为代表，持有部分或全部资金。③直接付款（direct payment），预算持有人把钱存在银行账户或一个同等的账户，并能将预算直接用于执行商定的、个性化的护理和支持计划。在特殊情况下，预算持有人可以将资金存入指定的个人或组织“管理账户”，该“管理账户”可以代表预算持有人直接付款或按照预算持有人的指示申请付款。个人健康预算的价值必须“设定在足以达到的水平”以支付护理计划的全部费用，根据被保险人的个性化特点，设定预期健康结果以及达到该保障水平的个人健康预算，强调健康价值支付。个人健康预算的潜在好处是既可以提高人们的健康水平，也可以降低成本、减少整体资源使用。

五、关注重点人群

许多国家针对老年人、低收入人群、妇女、儿童等弱势人群设立专项保险，守护疾病风险更高的人群。如美国设立面向老年人的Medicare和面向贫困者的Medicaid，德国法定健康保险面向不同收入人群的差异性筹资策略，新加坡面向不同社会群体的差异性支付制度等。

Medicare是美国联邦政府为老年人设立的医疗保险。作为美国社会保险体系的重要支柱之一，Medicare由美国联邦政府于1965年设立，通过社会保障税来筹资，为65岁及以上的老年人提供医疗保险。Medicare保障的医疗服务包括以下几种：①紧急医护医院提供的门急诊服务以及相应的住院服务，属于短期医疗服务。②医生和其他健康专业人士提供的服务，包括初级卫生保健（含普通门诊）、诊断检验、专科检查、咨询等。③家庭医疗服务，主要提供康复照护。④专业护理机构。⑤日间手术中心。⑥门诊透析服务。

德国法定医疗保险对贫困人群的关注体现在筹资模式上。保险筹资只根据被保险人经济收入状况决定，而不依据其健康情况，按照高收入多缴费、低收入少缴费的原则。根据2017年的规定，月收入在450～4800欧元的雇员要求被法定医疗保险覆盖，超过4800欧元的雇员可以选择性参加法定或私人医疗保险，政府通过健康保险基金支付定额费用来保障低收入群体参加法定医疗保险。

新加坡保健基金对儿童、60岁及以上的老年人、无力承担医疗费用的低收入人群的关注体现在支付制度上。新加坡政府对所有公民的医疗保健服务提供充分的补贴（根据提供服务数量拨付给医院）。患者仅支付在国立诊所接受门诊服务费用的50%，儿童和60岁及以上的老年人支付25%，其余费用由政府补贴。保健基金为无力承担医疗费用的低收入群体提供了“安全网”。无法承担医疗费用的患者可向保健基金委员会申请帮助，经批准后可获得补贴。健保双全计划专门帮助国民支付重病或慢性病的医药开销。

巴西针对贫困人口实行“家庭补助计划”，虽然不等同于医疗保险制度，但其理念值得借鉴。“家庭补助计划”是一个有条件现金转移支付计划(conditional cash transfer，CCT)，每个月向贫困家庭的母亲提供补助款，受益家庭要对孩子加大投资。领取条件是：让孩子上学并保证出勤率；定期进行体检、疫苗接种和发育监测；母亲要参加关于营养、健康和教育的讲座等。依靠“家庭补助计划”，可以提升家长维护子女健康的主观能动性，体现了权责对等和共建共享的理念。

六、家庭共享的医疗保险偿付

很多国家的从业人员在参保的同时，符合条件的家庭成员(如未成年人、无业的配偶)也可以享受保障，以家庭为单位进行支付。有的国家在政府支持下，实行强制性的家庭保险计划，如德国、日本；有的国家则采取非强制性的家庭保险计划，可由参保从业人员为符合条件的家庭成员提出申请，如美国。此外，还有国家实行“家庭补助计划”，尽管不同于医疗保险制度，但其理念值得借鉴，如巴西。

德国公共医疗保险(Public Health Insurance in Germany)强制要求为所有参保雇员的非工作家属同样提供保障，以缓解通常情况下一个家庭难以承担私人医疗保险费用的压力的情况。不同于美国的家属可申请获得保障，根据德国强制性健康保险计划，居民有义务向他选择的保险提供者登记他的非工作受抚养人，以便他们在需要时可以免费获得相同的医疗援助。健康保险福利通常是标准服务，所涵盖的服务包括以下几种：①家庭医生、专科医生和心理治疗师的基于实践的治疗，基于医院的治疗，以及在某些情况下基于康复设施的治疗。这些标准福利还包括筛查测试，必要的疫苗接种（不是旅行疫苗接种）以及与怀孕和分娩有关的医疗护理。②处方药几乎都被保险覆盖，个人只需要支付自付部分，处方药的自付费用在5～10欧元，具体取决于它们的价格。物理治疗或言语治疗以及义肢装置或助听器等医疗辅助设备的治疗也包含在内，要具有医学必要性并且由医生开处方。18岁以下的儿童和青少年无须支付这些额外费用。③牙科检查、牙科治疗（含牙龈治疗和正畸治疗）。在牙科修复方面，法定健康保险公司支付固定金额。

日本与中国最大的区别之一，就是社保和税金等的缴纳和福利享受均以家庭为单位进行。主要原因在于日本著名的主妇文化。日本根深蒂固的传统文化和现有男女不平等的社会制度极大地限制了女性的职业发展。鉴于这种特殊的家庭结构，考虑到主妇没有稳定的收入来源，为了保护弱势群体，落实“全民皆保险”的政策，日本社保和税金等的缴纳和福利享受都以家庭为单位计算，一般是被保险人缴纳社保费用，家庭全员享受社保福利。日本社保将参保家庭成员的定义放宽到和被保险人有扶养关系、维持共同生计，但不一定同居的家族成员，主要包括以下几类：①被保险人的直系尊属、配偶（含事实婚姻）、子孙及兄弟姐妹。② 除第①点以外的和被保险人同居的3族以内家族成员。③和被保险人同居的、事实婚姻伴侣的父母或子女。

美国推出家庭保障计划即个人和家庭计划为无法通过雇主获得保

险的美国1300多万人提供负担得起的健康保险福利。当雇员为自己购买健康保险计划时，可以申请获得延伸至家属的保险，获益家属主要为雇员未满26岁的子女、配偶以及特定条件下的其他亲属。个人和家庭计划提供的保障待遇根据参保人所在州的不同而存在差异，但都包括“平价医疗法案”（Affordable Care Act，ACA），也称为“奥巴马医疗法案”，要求的某些核心健康保险福利，必须提供以下最低基本保险。①护理标准：健康保险计划必须包括没有共付额、免赔额或共同保险要求的预防性服务。可以在医疗网络中选择自己的医生，在任何医院寻求紧急护理。②预防保健：健康保险计划还必须包括疾病控制和预防中心（CDC）为儿童、青少年和成人推荐的免疫接种。③卫生资源和服务管理局（HRSA）建议的预防保健。④根据美国预防服务工作组（United States Preventive Services Task Force，USPSTF）分类的“A”或“B”等级的服务。⑤针对女性的某些服务和检查。公共医疗保险交易所允许参保雇员及其家属申请政府补贴、医疗补助或儿童健康保险计划（Children's Health Insurance Program，CHIP）。

第二节 国际经验对我国的启示

一、健康保险治理模式的优化能促进医疗服务供方主动维护健康

国际经验表明，在社会保障领域，尤其是医疗保险领域，在居民有不同层次的健康需求，疾病的严重程度与治疗方式尚不确定，供方、需方以及保险三方利益难以均衡的情况下，医疗保险管理难以由任何一

个行为主体独立完成。必须通过多行为主体的共同参与，才能实现防范风险、调节利益、共担责任，最终实现公平、可持续的综合管理目标。

在原有市场价格机制和医疗机构运行体系不合理的情况下，医疗机构为获得更多的医疗收入导致不合理医疗行为，医疗保险机构试图通过低成本医疗管理为参保人群提供高质量的医疗服务，处罚不合理医疗行为，这使得医疗保险机构与医疗机构始终处于非合作博弈对立面。引入谈判机制，可以使医疗服务的购买方和供方（医疗保险机构和医疗机构）通过对话谈判达成共识，规范医疗服务的范围、价格、质量，明确责任和权益，转换为合作博弈的立场，建立“多元协商、平等契约，一致行动、共同担责”的有利局面，变管理为治理，医疗机构才有动力主动维护居民健康，此种状态下，医疗保险的属性也更能向健康保险转变。

二、健康保险应以维护健康价值为基本理念

从国际经验来看，健康保险的理念早已形成，跳出了医疗保险仅仅在患者疾病治疗过程中发挥作用的桎梏，以维护患者健康为目的，充分参与患者的疾病预防、治疗、康复甚至长期护理，这与我国健康中国建设理念不谋而合，医疗保险向健康保险转型也是我国实现全民健康覆盖的关键举措之一。

世界卫生组织早在1946年提出“健康权”的概念，全民健康覆盖以宣布健康为基本人权的《世界卫生组织组织法》（1948年生效）和1978年《阿拉木图宣言》所确定的全民健康议程为基础。健康权与生存权一样，是公民与国家关系中最基本的政治关系，国民健康与否也直接关系到国家的发展水平。2009年，我国在针对新医改方案的讨论中，明确提出“健康权”的概念。“健康中国”“人人享有健康”成为我国卫生发展

的主要导向和政府倡导的价值目标,"健康入万策"成为我国的卫生与健康工作方针。在这样的指导方针下,医疗保险向健康保险转型有充分的政治背景和社会动因,医疗保险必将成为维护居民健康的核心力量。

从经济角度来看,多年来我国医疗保险机构一直在降低疾病负担、控制费用方面花费大量时间和精力,结果导致医疗机构采取多种多样的不良应对方式,医疗保险机构则只能处于想方设法地确保基金不超支的被动状态。医疗保险机构作为服务购买者,亦是居民健康权利的忠实代表者,因此,医疗保险机构应转变当前与医疗机构的非良性博弈状态,与医疗机构一起,共同为维护居民健康发挥力量。如果医疗保险机构能通过管理、偿付政策的调整,促使医疗机构主动从维护居民健康角度改善服务质量、转变服务方式并降低成本,那么医疗保险基金的效益可以实现最大化,安全性也有了保证。因此,医疗保险向健康保险转型也有充足的经济动力。

不可否认,在我国,从理念的形成到实践的落实,还面临重重阻碍,但从重视疾病治疗转向重视健康维护已经是国际趋势,不可逆转,健康理念的形成是接下来卫生系统改革的基础,实现向健康保险的转型也是我国医疗保险必须要迈出的一步。

三、健康保险的支付范围应覆盖全生命周期

从国际经验来看,医疗保险的首要功能就是维护居民健康,医疗保险方作为代理人角色,有动力参与健康管理,节约医疗保险费用。对于我国来讲,医疗保险方不应只是购买医疗服务,甚至不应是购买医疗服务,而是与医疗机构一起,共同担当居民的健康守护者。当务之急,是发挥医疗保险的健康维护功能。

许多国家将预防性服务如体检、健康管理等纳入医疗保险报销范

围，这是医疗保险发挥健康维护功能的一种有效方式。但是，从目前我国的国情来看，要纳入这些预防或健康管理服务还存在一些困难：首先，从医生的数量和质量来看，我国医生尤其是基层医生越来越短缺，后继乏人，医生之间缺乏竞争性，那么对于患者来说，选择医生的空间十分有限，患者仍旧处于较弱势的地位，很难发挥患者对医生服务质量的督导作用；其次，当预防性服务或健康管理服务纳入医疗保险报销范围后，对医生来说，为了获取更多利益，会产生新的道德风险，医生可能会减少服务数量和降低服务质量。

尽管如此，支付范围的拓展是必然的，我国需要在考量当前居民筹资能力的前提下，逐步纳入医疗服务之外的健康相关服务，并建立科学的配套服务质量考核机制、健康管理测算机制等，以确保医疗保险基金安全、高效使用。

四、以价值为导向的支付方式是国际趋势

在老龄化、慢病化的整体国民环境下，无论是医疗机构还是医疗保险机构，都应在维护居民健康中发挥更重要的作用，即注重居民健康价值。对于医疗保险来讲，支付制度改革的大方向是从以服务量为基础转向关注价值，而价值又重点体现在服务的效率、质量、健康产出、患者体验上，这也是医疗保险转向健康保险之后最重要的功能体现。美国管理式医疗向 VBR 转型的经验证明，医疗保险不仅可以在控费上发挥功能，也可以在改善医疗服务质量、提升健康管理价值方面发挥作用。

同时，根据美国 VBR 的经验，基于价值导向的医疗保险支付方式不仅可以在改善医疗服务质量、提升居民健康结果方面有较为强大的功能，同时，也能促进服务供方逐步转变服务理念和服务模式，通过健康结果的改善来实现自身的利益与价值，医疗保险基金亦能取得较多

结余，其安全性得到进一步保证。最终，价值导向下的支付方式，可以实现居民、供方、医疗保险机构、政府价值以及社会价值的统一。

五、健康保险的筹资与偿付强调权责对等与共建共享

为了最大化地发挥医疗保险的健康功能，需要实现医疗保险机构与医疗机构的功能联合，亦需要发挥居民维护自身健康的主观能动性。无论是基本医疗保险还是健康保险，都应该在控费过程中考虑各方利益。将风险简单转移给医疗机构可以在短期内为医疗保险机构带来较大利益，但如果最终是以牺牲患者利益为代价，那么这种模式必然是不可持续的。由于医疗机构和医务人员对医疗卫生体系及其成本构成非常清楚，在控制医疗费用过程中应该并且能够在成本控制上发挥主导作用。提高医疗机构和医务人员在控制医疗费用、维护健康等方面的积极性和参与度，可为中国未来的医疗改革提供新的思路。

在一些国家，按人头付费是支付健康管理服务的有效方式。一方面，按人头付费可以鼓励医疗机构提供健康管理服务项目，积极预防疾病发生、积极诊断和治疗轻微疾病、疾病治愈后积极开展康复项目等，从而降低医疗成本、节约医疗费用。另一方面，医疗保险支付更倾向于基层卫生机构，因为基层卫生机构在地理位置上更靠近居民，易于掌握居民的健康状况。例如，英国的全科医生作为健康管理服务的中枢，能更好地管理居民健康。

为了发挥居民自身健康的主观能动性，可以设置医疗保险支付条件，如自我健康管理主动性、参与健康体检频次、加强体育锻炼积极性等。

六、健康保险的实现须与其他卫生改革协同推进

在英国，政府作为保险方（出资方）直接管理医疗机构，全科医生是整个医疗服务体系的“看门人”，也是健康管理服务的中枢。中国人口众多，区域发展不平衡，家庭医生制度目前仍处于试点推广阶段，尚不能很好地发挥“看门人”的作用，现阶段仍无法成为健康管理的主体。因此，有必要进一步加强签约制度建设，提升乡村医生水平，逐步实现乡村医生向家庭医生的过渡。

首先，明确全民覆盖的核心目标。虽然中国已经基本实现了基本医疗保险的全民覆盖，但一些人以低保障的自愿保险形式参与。各级政府的关注和财政补助直接影响参保率和保障水平。因此，应该在合适的时候实现自愿保险到强制保险的过渡和转变。其次，建立概念统一的制度框架体系。针对我国目前的多层次医疗保障体系，在满足公平、效率、可持续发展的基础上，完善全民所享有的社会医疗保险制度，实现基本责任的整合。最后，科学规划健康保障体系的组成部分和相互关系。充分利用保险和风险管理的基本理论和技术，实现公共卫生（健康教育、预防接种、流行病和传染病控制）需求的全民覆盖、基本医疗（目录范围内的门急诊、住院及康复治疗）需求的全民覆盖，逐步增加健康服务内容，整合健康保险与健康管理项目。

参考文献

[1] 李珍，赵青．德国社会医疗保险治理体制机制的经验与启示[J]．德国研究，2015(2):86-99,143.

[2] 甘银艳．国外医疗保险的合作治理[J]．中国卫生事业管理，2016

(8):581-584,602.

[3] 彭翔，邵海亚．借鉴与创新:健康管理服务纳入医保支付政策探讨[J]．价格理论与实践，2017(11):78-81.

[4] Stock S, Schmidt H, Büscher G, et al. Financial Incentives in the German Statutory Health Insurance: new findings, new questions [J]. Health Policy, 2010, 96(1):51-56.

[5] 丁宏术．德国和巴西农村医疗保险制度及其对中国的启示[J]．世界农业，2017(3):153-158.

[6] 王勤．新加坡的医疗保障制度[J]．当代亚太，2001(3):41-43.

[7] 陆昌敏，冯泽永，冯光谓，等．新加坡医疗保障体系的特点及对我国的启示[J]．医学与哲学(人文社会医学版)，2007(12):32-34.

[8] 丁雯，张录法．韩国医疗保险制度借鉴[J]．经济视角(下)，2010(9):57-59.

[9] 姚霞．韩国医疗保险制度的改革及对我国的启示[J]．中国医药导报，2013(25):165-168.

[10] 匡绍华，陈宁姗．泰国健康保险制度改革及其对我国的启示[J]．中国卫生经济，2003(9):56-58.

[11] 赵要军，王禄生．中国、美国、泰国三国医疗保险制度比较分析[J]．中国卫生经济，2009(11):41-44.

[12] Douven R, McGuire T G, McWilliams J M. Avoiding unintended incentives in ACO payment models[J]. Health Affairs, 2015, 34(1):143-149.

[13] McWilliams J M, Landon B E, Chernew M E. Changes in health

care spending and quality for medicare beneficiaries associated with a commercial ACO contract [J]. JAMA, 2013, 310(8): 829-836.

[14] 巩晓力.美国医疗费用支付方式新趋势——基于价值的补偿机制[J].中国医疗保险,2016(8):63-65,70.

[15] Burwell S M. Setting value-based payment goals—HHS efforts to improve U. S. health care[J]. New England Journal of Medicine, 2015, 372(10):897-899.

[16] 亚历山德罗·平莎尼,瓦尔基里娅·多米尼克·莱奥·雷戈.巴西的扶贫政策:家庭补助金计划对受益者的影响[J].高静宇,译.国外理论动态, 2015(8):88-97.

[17] Bührer C, Fetzer S, Hagist C. Das Hamburger Beihilfemodell-Ein Vergleich der internen Renditen von GKV und PKV [J]. Zeitschrift für die gesamte Versicherungswissenschaft, 2018, 107:85-108.

[18] Nuscheler R, Knaus T. Risk selection in the German public health insurance system[J]. Health Economics, 2005, 14:1253-1271.

[19] Kuhn B, Lehn C. Value-based reimbursement: the banner health network experience [J]. Frontiers of Health Services Management, 2015, 32(2):17-31.

（陈江芸　李浩淼）

CHAPTER 8

第八章

中国健康保险改革的探索与展望

中国近几年在医疗保险发展方面，已经逐渐有向健康保险转型的趋势，尤其是全国卫生与健康大会的召开与《"健康中国 2030"规划纲要》的提出，为医疗保险向健康保险转型指明了方向，部分省份通过理念转变、支付方式调整等举措，发挥医疗保险的健康维护功能。本章将就国内已有的部分健康保险改革探索进行剖析，分析其优势及存在的问题，并对下一步医疗保险向健康保险的转型提出展望与建议。

第一节 中国健康保险改革背景

一、医疗保险改革的推进现状及反思

(一)"社会政策"与"经济政策"的权衡

中国医疗保险制度改革最初的目标强调与经济体制改革相协调，为建立社会主义市场经济创造良好的社会环境。经济政策和社会政策是两个相对独立的领域，从遵循的原则、追求的目标和运行的方式方面看两者存在着本质的区别。社会发展必须得到相应的经济政策支持，经济发展也必须得到相应的社会政策保障。社会保障从法律框架、政府机构设置、政策设计上，都不是单纯作为"经济政策"，而是和"社会政策"相结合的。经济政策关注效率，社会政策注重公平，二者不能偏废。我国医疗保险系统的建设总体滞后于其他经济系统的发展，居民个人健康支出增长的速度远远超过居民个人收入增长的速度，提示人群健康的改善速度低于与经济发展速度相称的标准。

(二)健康保障伦理价值的思考

1978年开始,中国的社会经济改革的特点是在发展过程中快速追求经济增长。在这一发展理念下,工业化、现代化的不断推进极大地促进了中国社会的发展,但其物本性、短视性、功利性的特征也导致了社会生活的部分价值迷失。改革开放以来,从中国医疗保障系统发展进程中的价值判断中,不难发现医疗保障系统建设具有强大的工具性,这直接导致医疗保障系统的各种行为主体参与了市场经济活动中对最大化利润的追逐,加剧了中国社会中健康不公平的程度。健康保障是人的基本权利,而不是普通的商品,在这一进程中,人对宪法赋予的健康权利的诉求受到了双重挑战,即保障系统社会化引发的医疗保险覆盖率降低和健康服务不当市场化引发的医疗费用飞涨。为了实现"全民医疗保险",健康保障制度改革应重新思考其伦理价值,基于社会主义核心价值观要求做出正确的价值判断与选择。

(三)医疗保险体系呈"三分"格局和"碎片化"现象

医疗保险体系涵盖了政府、医疗服务提供组织、医疗保险组织和救助组织等。我国的医疗保险是由一种混合模式实现的,呈现出城乡制度分设、管理分割、资源分散的"三分"格局和"碎片化"现象,且政府在医疗保险体系中处于主导地位。医疗保险体系内部要素的构成与结构关系之间的不平衡限制了它的功能实现,具体表现在以下几点:首先,城乡医疗服务资源的不均衡分布损害了医疗服务的公平分配,市场无序竞争和逐利行为破坏了医疗机构的公益性;其次,不同人群采用了不同的医疗保险制度,制度设计之间所存在的差异带来了深层次的制度性不公平,导致受益水平在不同人群中出现了分布不公(表8-1);最后,医疗保险组织和救助组织与医疗机构之间缺乏良性契约关系,导致激励机制和监管机制扭曲，降低了医疗资源的利用效率。

表 8-1　基本医疗保险体系保障待遇水平比较

保险类型	城镇职工基本医疗保险	城乡居民基本医疗保险
保障范围	住院和门诊治疗	住院和门诊大病
个人账户	有	无
政策范围内住院费用基金支付比例	81.9%	68.6%
实际住院费用基金支付比例	72.8%	60.2%
次均住院费用	10414 元	6821 元
住院率	16.5%	10.4%

资料来源：人力资源和社会保障部社会保险事业管理中心《中国社会保险发展年度报告2015》。

二、健康理念在医疗保险改革中的发展

在全国卫生与健康大会上，习近平总书记指出，要把人民健康放在优先发展的战略地位，并阐述了建设健康中国的五个重要方面：普及健康生活、优化健康服务、完善健康保障、建设健康环境、发展健康产业。

健康中国战略的精神内涵和核心要义，就是以人为本、健康至上，以全民健康为中心。“全周期保障人民健康”是以人为本、执政为民理念和经济社会发展根本目的的拓展与升华，为卫生系统改革指出了更准确的方向，也为医疗保险向健康保险的转型提供了基本思路。实现医疗保险向健康保险的转型，核心理念就是将医疗保险全周期保障人民健康的功能最大化。

2018 年 3 月，根据第十三届全国人民代表大会第一次会议批准的

国务院机构改革方案，设立中华人民共和国国家卫生健康委员会（简称卫健委）。卫健委的职责包括原国家卫生和计划生育委员会、医改小组办公室、老龄委办公室的职责，工信部的烟草控制职责，以及安全生产监督局的职业安全健康职责等。卫健委的成立，将公共服务供给侧职能职责、资源体系和管理服务加以科学整合，促进实现全人群、全生命周期的卫生规划、疾病防控、医疗服务、健康管理、医养结合等卫生健康服务，充分体现了“大健康”的理念，从政府职能上也更符合“健康中国”的潮流趋势。同时，此次方案提到将人力资源和社会保障部的城镇职工和城镇居民基本医疗保险、生育保险职责，国家卫生和计划生育委员会的新型农村合作医疗职责，国家发展和改革委员会的药品和医疗服务价格管理职责，民政部的医疗救助职责整合，组建国家医疗保障局，作为国务院直属机构。这一举措是为完善统一的城乡居民基本医疗保险制度和大病保险制度，提高医疗保障水平，确保医疗保险基金合理使用、安全可控，统筹推进医疗、医疗保险、医药“三医”联动改革，更好地保障医疗服务的可及性。争议多年的“三保合一”管理权既没有花落人社部门，也没有归属于卫生部门，而由新组建的国家医疗保障局整合分散在原来四部委的保险职能。过去在卫生和人社两部门之间久拖不决的城镇职工基本医疗保险、城镇居民基本医疗保险、新型农村合作医疗“三保合一”问题，终于“一刀切”解决。“三保合一”有利于医疗保险基金的统筹使用，提升效率，也为未来的全国范围的医疗保险互联互通打开了大门。发改委的药品和医疗价格管理职责被纳入国家医疗保障局，这就让最大的医疗和药品支付方有权力决定药品和医疗价格，有望解决此前发改委价格司有权力而无责任的情况，同时也大幅度提升了国家医疗保障局的议价能力。

此次改革中，国家卫生健康委员会、国家医疗保障局、国家市场监督管理总局这三大机构的出现将医改中的不同职能更为有效地进行了划分。在医疗、医疗保险和医药这三个部分重新划分职能范围有利于减少部门间的职能交叉、提高改革的效率。尤其是国家医疗保障局的设立，赋予了医疗保险机构更强的谈判能力、议价能力，使其成为“超级采购方”，在“三医”联动的过程中能更好地发挥医疗保险的调节作用。

具体来讲，如何在医疗保险改革中体现健康理念，从宏观层面来看，国家政策规划已经给出了方向，首先需要跳出单就医疗保险论医疗保险的偏窄视角，要从经济社会全局审视、定位医疗保险，不仅要关注疾病谱变化、医学科学进步对全民医疗保险的制约和影响，而且要关注健康 GDP 和如何控制健康危险因素、降低发病率以及其他经济社会问题对健康保险的制约和影响；其次要从传统的疾病保险模式转变为疾病保险与健康促进相结合的模式，从专注于下游疾病救治的被动保障转变为“防治结合”，积极主动地向上游疾病预防和健康管理方面延伸拓展。从中观层面来看，各地实践有一些具体体现，如通过调整支付方式来促使医疗服务供方主动维护居民健康；拓展医疗保险支付范围，将预防保健、健康管理、签约服务的部分项目纳入医疗保险支付等。

第二节 新医改推进中健康保险的探索

一、改革医疗保险治理模式，为医疗保险向健康保险转型奠定行政基础

在医疗保障领域，治理模式的核心要素之一是医疗保障的筹资方

与服务供方之间的关系。在中国医疗保险制度确定的治理模式方面，公立医疗机构要去行政化，实现政事分开、管办分开。我国在1998年决定建立城镇职工基本医疗保险制度以来，医药供应、医疗保险和医疗服务供给三方尚未实现治理模式的趋同，公立医疗机构附属于卫生行政部门，占据着强大的行政垄断地位。

2018年，中华人民共和国国家医疗保障局的成立，是“三保合一”的行政基础，为国内“三医”联动的实现创造了便利条件，而对于健康保险而言，国家医疗保障局的成立也为医疗保险向健康保险的转型奠定了行政基础。医疗保险话语权的增强，有利于其支付范围的拓展与保障水平的提升，有利于医疗保险在健康中国建设中发挥更为重要的杠杆职能。

2013年，在国家医疗保障局成立以前，福建省三明市也开展了实践。三明市将城镇职工基本医疗保险、城镇居民基本医疗保险、新型农村合作医疗3种险种24个医疗保险基金经办机构进行整合，组建三明市医疗保障基金管理中心(以下简称医管中心)，并于2016年进一步升级为医疗保障管理局，承担全市医疗保险基金征缴、使用、监控等一系列职能。医疗保障管理局具有高度集权性，全面理顺了管理体制，打破了多头管理局面，以高强度的职能为归口，改变了医疗、医疗保险、医药“九龙治水”的繁杂局面，在极大程度上提高了医疗保险在卫生系统改革中的话语权与政策导向权。同时，在医疗保险整合过程中，三明市用“另立山头”的方式解决了医疗保险归谁管的问题，避免了新型农村合作医疗与城镇居民基本医疗保险管理归属的争端，减少了管理过程中的烦琐环节，节约了管理成本，为“三保合一”打下坚实基础。在医疗保险筹资支付、基本医疗保险与补充医疗保险衔接的基础上，医疗保障管理局新增药品限价采购结算、医疗服务价格调整、城乡居民及城镇职工定点医疗保险机构的审核与结算及定点医疗机构行为的监管与考核管理功能，进一步获得包括药品、医疗服务、补充医疗保险在内的采购选择权与质量监督权。此外，通过信息的整合与互通，减少了居民重复参保和重复补偿的问题，提升了医疗保险基金安全性。

三明市医管中心的成立为城镇居民基本医疗保险与新型农村合作医疗的整合奠定了行政基础，2015 年 4 月 1 日起，城镇职工基本医疗保险与城乡居民基本医疗保险执行统一（城镇职工基本医疗保险）的用药目录、诊疗目录及服务标准，实现“三统一”，极大地促进了不同医疗保险类型居民医疗服务利用的公平性。医管中心转为医疗保障管理局之后，进一步实现单位合法化、人员职业化，促使以医疗保险为杠杆的“三医”联动机制的形成。以此为基石，管理部门能有效地强化其他改革，如分级诊疗、签约服务等，系统推进健康改革进程，这其中，医疗保险向健康保险转型，便具备了强大的行政基础。此后，在三明市医共体建设中，医疗保险部门的话语权得到了极大增强，医疗保险部门能以更高的效率投入卫生服务监管，并督促医疗机构提供健康服务。

三明市的改革实际上是从社会化医疗保险治理模式转向计划性和行政化的医疗保险治理模式。通过归并、统一医疗保障的基金管理职责，提高了其在行政格局中的地位，强化了对医疗服务供方以及药品供应的行政管控。改革前医疗保险所要求的购买服务，以及多元供给、供方竞争、社会谈判等功能与特征都被极大地削弱乃至消除，其与医疗服务供方之间的关系演变成资金补偿关系，医疗保险基金的功能演变为第二财政，按照医疗机构的成本消耗状况为医疗机构提供补偿有关。而国家医疗保障局的成立，整合了医疗保障的相关职能，是管理体制的大变革。这一变革明确了社会医疗保险的模式是走向社会化的治理模式，与医疗服务供方之间形成服务购买的关系，旨在形成多元供给、供方竞争的医疗服务供给格局。

类似于美国凯撒模式,国内一些地区也开展了整合式服务的探索,这一整合既包含了医疗保险支付体系与卫生服务体系的整合,也包含了卫生服务体系本身的整合。卫生服务体系整合为医疗保险支付体系的融入奠定了基础。

服务体系的整合有助于医疗机构之间的职能分工与协作,促使其为患者提供连续性健康服务。服务体系整合模式包括县域医共体、医联体、区域健康服务协同体等形式。安徽省首先开启了县域医共体的改革,此后,其他地区也陆续展开了实践探索,区域健康服务协同体则以深圳市罗湖区较为典型。

二、整合医疗保险支付体系与卫生服务体系,促使医疗机构实现健康维护功能

针对整合型服务体系的总额预付是国内医疗保险向健康保险转型的重要形式,其中,服务体系整合是物质基础,总额预付下的结余留用是此种模式下的重要激励举措,促使医疗机构主动维护患者健康,提供连续的、覆盖全生命周期的健康服务。下文以安徽省阜南县、福建省三明市和深圳市罗湖区为例进行介绍。

(一)安徽省阜南县

2015年,安徽省颁布《关于开展县域医疗服务共同体试点工作的指导意见》,以县为单位开展县域医联体试点,阜南县是首批试点之一。由县级卫生计生部门统筹规划县域内县乡两级医疗机构组建2～3个县域医联体,社会资本举办的医疗机构自愿加盟,服务范围覆盖全县城乡居民。牵头的县级医院与拟加盟的成员单位双向选择,建立纵向合

作的医疗服务联合体，医共体之间形成横向竞争机制。通过医共体的建立，重塑以“县级医院为龙头，乡镇卫生院为枢纽，村卫生室为基础”的农村三级卫生服务网络。医共体内各级医疗机构的职责有了明确分工：县级医疗机构负责制定体系内各项工作制度，急危重症和疑难病症的诊疗，对基层医疗机构的业务指导，与基层医疗机构的衔接及辖区患者的接、转诊等管理等；乡级医疗机构负责常见病、多发病的诊疗，伤残康复和慢性病治疗管理，常规诊疗技术和康复、护理等；村卫生室主要负责常见病诊疗、家庭医生签约服务、公共卫生服务、转诊工作以及与上级医疗机构的对接等（图 8-1）。

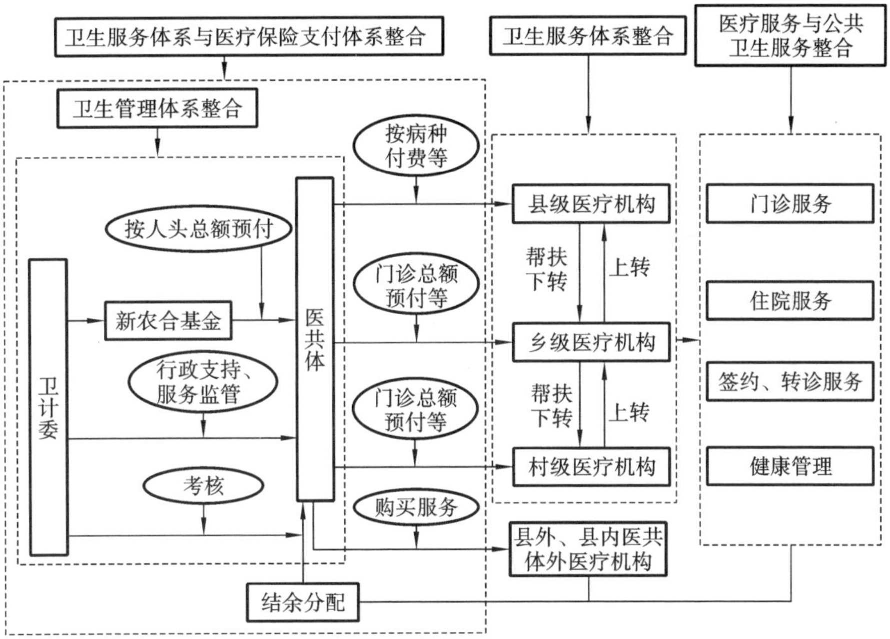

图 8-1　安徽省以整合为基础的县域改革框架

在整合的基础上，阜南县通过医疗保险针对医共体按人头总额预付的支付方式，形成供、需、保三方的利益均衡机制，并促使其目标协同，共同指向维护居民健康的改革目标，从而实现医疗保险健康维护功能的发挥。

1．支付设计

安徽省阜南县的按人头总额预付针对整个医共体辖区，具体支付设计包含几个关键点。

（1）资金拨付：医疗保险基金对县域医共体实行按人头总额预算包干，超支原则上不补，结余全部留用。县新农合办要根据历史运行数据，按照现有的资金支出分布结构，适当考虑门诊和住院的人次和费用的合理上涨，以及开展签约服务等因素，安排下一年度试点乡镇医疗保险基金支出的总预算，新农合按不超过当年筹资总额提取风险基金后的95％作为总预算，并将总预算转换成参合人头费（对应辖区每个参合居民），交由县域医共体包干，负责承担辖区居民当年门诊和住院服务的直接提供、必要的转诊以及医疗保险补偿方案规定的费用报销。县外住院患者（含大病保险）的报销也从总预算中支付，对县域医共体之外的县内其他定点医疗机构收治的医疗保险患者，由县域医共体牵头单位以“购买服务”的方式与之结算。结余资金经考核后由县域医共体成员单位合理分配、自主支配。经办机构与医共体实行“总额控制、季度预拨、年终决算、超支原则不补、结余留用”的方式进行结算。

（2）绩效考核与结余分配：对医共体内各级医疗机构实行考核，根据考核结果拨付资金，核心考核指标主要包含以下几个方面。①患者受益：新农合住院患者可补偿费用占比、新农合住院患者实际补偿比（与“住院患者自付比”对应）等。②服务质量：临床路径实施情况、诊疗规范实施情况等。③患者下沉：本县患者县外住院回流情况、乡镇外住院人次减少情况等。④帮扶情况：医共体牵头单位对乡镇卫生院和村卫生室的帮扶任务完成情况、乡镇卫生院对村卫生室的帮扶效果及基层能力提升情况。⑤费用合理性：新农合住院患者的“三费”（人均药费、人均材料费、人均检查化验费）控制情况、新农合住院患者按病种付费执行率等。

根据考核结果，医共体县级牵头医院原则上按50%、55%、60%三个待遇档次分享辖区内的包干结余资金；医共体乡镇卫生院原则上按30%、35%、40%三个待遇档次分享辖区内的结余资金；上述分配后，按照预算内包干结余资金总量的10%左右安排，用于村卫生室为医共体提供签约服务和签约转诊等工作的绩效考核和分配。

2．利益均衡机制的形成

安徽省阜南县县域医改在整合的基础上，依靠经济杠杆与行政规范，转变了医疗机构的经济利益来源，以利益均衡的机制提升医改效果。医共体在享有利益分配的同时，身兼县域居民健康的责任主体与政府问责主体两个关键角色，形成利益共同体和责任共同体。在利益均衡过程中，整合是形成利益共同体与责任共同体的基础，整合过程中新农合针对医共体覆盖区域的按人头总额预付则是实现利益均衡的关键作用力，外部监管系统促进利益均衡机制形成。

（1）利益来源：医共体的利益主要来源于新农合基金和服务收入，新农合基金在对参合居民卫生服务门诊、住院等服务报销之后，减去服务成本，配合严格的监管考核，可以按比例在各级医疗机构进行分配。同时，乡村医生还可以通过有偿签约获取一定收入。安徽省新农合针对医共体的按人头总额预付实现了新农合支付体系与卫生服务供给体系的深度融合，在此基础上，各级医疗机构的利益来源不再是新农合基金的消耗，而是对自身“财产”的节约以及通过提供更低价高效服务的收益，控费由被动转为主动。节约来源于服务质量的强化、服务成本的控制和居民健康水平的提升。

(2)利益流向:安徽省阜南县县域医改体系的整合将新农合部门、各级医疗机构集结为利益和责任共同体,基层医疗机构的发展直接成为县级医疗机构利益的重要组成部分,转变了不同层级医疗机构之间的不平等竞争关系,实现利益的兼容。

从利益的横向流动来看,最终节约下来的资金转换为经济利益,根据服务数量、服务质量,按比例分配到不同层级医疗机构,而不是向县级医疗机构严重偏倚,在此过程中,基层医疗机构得以发展,而发展的过程会为基层医疗机构带来更多的利益。同时,为了节约成本,各级医疗机构都会提升服务能力,减少不合理的服务,产生的结果则是患者所接受服务质量的改善和经济负担的减轻。

从利益的纵向流动来看,基层医疗机构的发展能为县级医疗机构带来更多利益。一方面,患者就医的下沉,会节约更多新农合基金,因此,县级医疗机构会主动帮扶基层医疗机构发展,并缩短本级医疗机构不必要的住院时间和减少不必要的服务,由基层医疗机构的相关服务进行补充或替代,逐步形成基层首诊和双向转诊的有序就医机制;另一方面,签约服务同样能促进有序就医和居民健康,节约新农合基金,因此,县、乡两级医疗机构也会全力参与签约服务过程,强化签约质量,乡村医生则能通过有偿签约率的提升进一步获取利益。患者就医的有序化和通过签约带来的健康状况改善,更加促进了机构利益的增加和对患者利益的保护。

同时,在医疗机构主动节约成本、控制费用的过程中,新农合基金的安全性能进一步加强,如此,医改过程就能朝着供方、需方和医保方利益均衡的方向良性发展。

(3)利益的外部监管:卫生行政部门针对医共体实行严格的监管考核制度,重点考核新农合可补偿费用占比、实际补偿比,参合居民县外住院回流、帮扶情况和乡镇外住院人次减少情况。在结余资金分配时，针对各级医疗机构也有重点考核的指标，归集起来主要体现在机构能力、机构服务规范、上级机构对下级机构的帮扶、费用控制、就医流向、患者实际受益以及机构参与签约和健康管理情况等。在这样目标明确且系统化的监管机制下，医共体内各级医疗机构的责任更加明确，尽全力维持医共体的运行，并服务于辖区居民健康，同时，避免了医共体内医疗机构为了实现自身利益而降低报销水平与服务质量、侵占患者的利益等，进一步促进了供需之间的利益均衡。

基于利益均衡机制和外部考核的助力推动，医疗保险促使医疗机构的目标逐步转向维护居民健康；通过健康管理的强化，居民的健康意识能得以提升，主动防病；同时，新农合全程参与医疗机构的各项服务。如此一来，在医疗保险的作用下，医疗机构可以把居民健康的责任和自身发展有效地统一起来，既体现以人为本的理念又体现发展的理念，形成共赢局面，极大地提升了新农合基金的公平性和效率，助力医疗保险向健康保险的转型。

（二）福建省三明市

福建省三明市自2014年试点紧密型医联体建设，在县级层面，由县级综合医院与县（市）基层医疗卫生机构进行整合，组建10个县级总医院；在市区层面，市第一医院与梅列区基层医疗卫生机构、市中西医结合医院、三元区基层医疗卫生机构进行整合，分别组建2个市区医联体，实行人、财、物统一管理。通过组建总医院，推动优质医疗资源有序、有效下沉，打通双向转诊绿色通道，逐步形成基层首诊、双向转诊、急慢分治、上下联动的分级诊疗模式。如尤溪县实施“两组团、一包干、互结算、两确定”的医疗保险支付方式改革工作机制，将结余的医疗保险基金作为尤溪县各级医疗机构的医疗收入之一，调动尤溪县各级医疗机构的积极性，重视健康教育、健康促进，提高控费意识。

“两组团”，即以尤溪县医院、中医院为首，分别组建沈城、沈溪两个上、下尤溪医联体，结成责任共担、利益共享、优势互补的紧密型的工作联盟和发展联盟。

“一包干”，即按照“统筹包干、结余归己”的原则，在尤溪县基本医疗保险基金总额中预留部分（城乡居民预留35元/人、城镇职工预留100元/人），主要用于大病保险和第三次精准补助。将预留后的医疗保险基金总额按划片区域全部包干给沈城、沈溪两个医联体使用，患者（含城乡居民和城镇职工）在县域内的县级医院（尤溪县医院或中医院）、乡镇卫生院（社区卫生服务中心）、村卫生所（社区医养结合卫生服务站）三级医疗机构就诊时个人自付费用控制在30%以内。同时，对于确需转外就医的尤溪县患者，个人自付和医联体承担的费用比例按市里有关政策执行。

“互结算”，即结余医疗保险基金归尤溪县两个医联体，县、乡村医疗机构之间按比例结算，两个医联体之间互结算，患者确需转外就医的由所辖医联体结算，民营医疗机构与两个医联体互结算。

“两确定”，一是确定结余的医疗保险基金直接纳入医院医疗收入，用于计算医院工资总额；二是确定健康促进经费从医疗机构的成本中划支。

紧密型医联体的构建与安徽省县域医共体有类似之处，通过建立内部管理高度统一的医联体，使总医院在人事、分配、经营方面享有自主权，从而推动医疗机构从“竞争”转向“合作”关系。总医院组建后，医联体内部的所有医院不再是抢占病源的竞争对手，而是实实在在的利益共同体，不仅加强了综合性医院与中医院资源要素和功能整合，而且通过建立远程医疗，逐步实现了同一诊疗区内医学检验、医学影像检查结果互认和资源共享，更好地避免了同一医联体内医院盲目扩张床位和重复购置设备等问题。三明市以医疗保险基金为主要经济纽带，原则上要求各地与总医院进行经费捆绑，包括与医疗保险相关联的所有资金，连同财政投入和基本公共卫生经费等，建立"总额预付、超支不补、结余留用"机制，推动医防协同，向"以健康为中心"模式转变。与安徽省阜南县县域医共体不同的是，三明市医联体控制个人自付费用比例不超过30%，进一步控制了医疗费用的不合理增长。

同时，三明市配套薪酬制度改革，维护医务人员积极性，保证了健康改革的系统性，使医务人员能快速适应改革环境，促使其主动维护居民健康。例如，尤溪县在全院工资总量控制的情况下，医院年度工资总额分配向临床一线倾斜，内部分配按照医生（技师）、护理（药剂）和行政后勤各系列5∶4∶1的比例进行。改革前，医生薪酬与药品耗材等挂钩；改革后，医生薪酬与诊疗费、手术费、护理费、床位费等挂钩，将更充分体现其劳务价值，维护医务人员积极性。

（三）深圳市罗湖区

2015年8月，深圳市以罗湖区为试点，启动以行政区为单元的医疗机构集团化改革。经过两年的探索，罗湖区以罗湖医院集团为载体，做强社康中心（社区卫生服务机构），做实家庭医生服务，通过改革医疗保险支付方式，促进医疗服务供给模式从"以疾病为中心"转变为"以健康为中心"，探索新的医疗服务模式，使居民能够少生病、少住院、少负担，分级诊疗也水到渠成。

1. 服务体系整合

（1）成立了罗湖医院集团：罗湖区成立了唯一法人的罗湖医院集

团，覆盖了区属的全部公立医院和社康中心。该集团按照“人员编制一体化、运行管理一体化、医疗服务一体化”的原则建立了区域健康服务协同体。医院集团以区属医院为龙头，以区属社康中心为基础，区域内其他三甲医院则定位于上转的急危重症和疑难复杂疾病的诊疗服务、人才培养、学科建设等。罗湖医院集团充分考虑了不同层级医疗机构的功能定位，实现了区属医院和区属社康中心的紧密合作，有效调动了各个层级医疗卫生机构的积极性。

（2）整合集团内各类资源：罗湖医院集团整合集团资源中的“同类项”，设立6个资源共享中心，包括医学检验、放射影像、消毒供应、社康管理、健康管理以及物流配送，实现检验结果互认、医疗资源互通，避免各医院的功能重复设置。设立6个资源管理中心，包括人力资源、财务、质控、信息、科教管理和综合管理，实现对行政后勤事项的统一管理，降低机构运营成本。同时，统一规范医疗服务行为，保证服务提供的一致性。医院和社康中心的功能定位被重新调整和明确，医院逐步转变为提供急危重症、疑难复杂疾病的诊疗服务和科研教学的机构，社康中心逐步转变为提供常见病及多发病诊疗、预防保健和公共卫生服务的机构。

（3）建立法人治理结构，赋予集团运营自主权：罗湖医院集团在理事会领导下实施院长负责制。理事会由区领导、区政府有关部门代表和社会知名人士代表组成。区政府承担出资人职责，集团管理及重大事项决策全权委托理事会。同时，确保院长的人事权和行政权，充分落实公立医院人事管理、内部分配、运营管理权，提高运营效率；同时建立院长绩效考核机制，实现权力和责任的对等。集团化的另一项重要行动是成立理事会、监事会，落实管办分开，政事分开。实行“以事定费、购买服务、专项补助”，落实政府对医疗卫生机构投入的责任，建立绩效导向的补偿机制。这项改革将健康管理融入政府政策，建立了政府、医院和社康中心三位一体、权责清晰的“责任共同体”，以及分工合作的“管理共同体”，打破了卫生计生部门、医院和社康中心孤军奋战的现状。由此带来的便利之处在于可以快速解决医改中遇到的很多棘手的问题，也降低了医院运营成本。

改革后，区属医疗卫生机构行政管理人员减少了20%；临床业务用房更加集约，检验试剂采购成本下降30%，设备成本减少约1亿元。如何平衡各方的利益正是目前医改需要解决的问题。罗湖区的对策就是对医疗保险支付方式进行突破性改革，将原来的按服务项目付费方式改革为“总额管理，结余留用”方式，以上一年度家庭医生签约参保人医疗保险基金记账总额，加上约定年度根据全市人均医疗保险基金增长率计算的医疗保险基金增量支出为基数，年度清算时，若签约参保人本年度实际发生的医疗保险基金记账总额小于上一年度基数，医疗保险结余部分由基层医疗集团留用。

2. 医疗保险支付体系与卫生服务体系整合

(1) 支付设计：一是建立科学补偿机制。落实政府对公立医院和社康中心的各项投入，按照“以事定费、购买服务、专项补助”的原则，打破以往“以编定补”的方式，建立以服务绩效为导向的补偿机制。根据公立医疗卫生机构完成基本医疗卫生服务的数量、质量和群众满意度核拨财政补助。同时区财政补助向社康中心倾斜，每诊疗人次的财政补助调整为社康中心37元、医院30元，相对提高基层医疗卫生机构的财政补助标准。

二是改革医疗保险支付方式。罗湖区实施签约居民的住院医疗保险总额预付。以辖区内签约居民为对象，将本年度与上一年度实际发生的基本医疗保险大病统筹基金和地方补充医疗保险基金支付总额

(含市外医疗费用及现金报销费用)的数据进行对比,医疗保险基金结余部分由罗湖医院集团留用。通过这种医疗保险支付导向的转变,促使医疗机构和医生以维护居民健康为目标,期望居民少生病、少生大病。同时,也引导医院集团努力将居民更多地留在社康中心,以节省整体的医药费用。

罗湖医院集团与国外健康维护组织(Health Maintenance Organization,HMO;用较少的钱得到最好的健康保障)模式最大的不同之处在于,罗湖医院集团不限制患者去别的医疗机构治疗。签约参保人在签约年度内就诊时,不限就诊的地区、医疗机构和医生,签约参保人有很高的自主选择权。年末清算时,由系统直接核算签约参保人本年度实际发生的医疗保险基金记账总额。"医方与患方的利益彻底一致",首先将居民的健康管起来,让他们少生病、少生大病,以这样的逻辑为起点,罗湖医院集团的种种"强基层"做法就顺理成章。

(2) 改革成效——主动关注和管理签约居民的健康:有了医疗保险的导向,医院要千方百计让居民少生病少住院。罗湖医院集团自发为签约参保人免费注射70万支流感疫苗、肺炎疫苗,签约人群肺炎发病率明显下降;加强高血压控制和防范的健康教育,通过健康宣讲、印发健康宣传册、定期免费体检等方式,一方面降低了脑出血发病率,从根本上减少危险,另一方面改善了脑血管突发疾病患者的早期救助和预后。同时,集团为60岁以上老年人家庭免费安装卫生间扶手,每个家庭花费200～300元,总共花费不到25万元,但是一个老年人摔倒置换股骨颈费用则相当昂贵。这一举动大大降低了老年人跌倒率。面向所有的小学开展营养和心理健康讲座,帮助学生从小养成对健康有益的生活方式。另外,除基本公共卫生服务要求开展慢性病管理的高血压、糖尿病、重性精神病之外,还开展了尿毒症、慢性心功能衰竭、慢性阻塞性肺疾病等的慢性病管理。为降低罗湖区居民晚期癌症患病率，开展五种常见癌症的传统和基因检测筛查。

医疗保险支付方式改革中建立的"结余奖励机制"发挥了积极的效果。一方面，医院集团不得不主动做好控费工作，避免大处方、不合理检查、不合理用药、不合理收费等损害患者利益的行为；另一方面，激励医院集团主动关注和管理签约居民的健康，大大提高了服务供方的工作积极性，实现了从"保疾病"转变为"保健康"。罗湖区通过建立合理的医疗保险支付导向机制，确立了以预防保健和居民健康管理为核心的坚实的基层医疗保健系统。国际先进的医疗卫生体系发展经验表明，基层医疗保健系统越强大，人民健康就越有保障，医疗保健成本也越为经济。

（四）将预防、健康管理服务纳入支付范围

除了上述医疗保险支付方式的改革外，医疗保险还通过覆盖范围的拓展，促使其实现向健康保险的转型，这一拓展主要体现在将签约服务、健康管理服务等内容纳入医疗保险支付范围。

2005 年，镇江市为定点社区卫生服务机构的参保人建立了慢性病管理机制。参保人在定点社区卫生服务机构进行健康体检发生的费用可由个人账户支付。对定点社区卫生服务机构的门诊医疗费用实行以就诊人头为核心的总额预算管理方式，确定了治疗方案较为明确的 11 种慢性病，符合条件的参保慢性病患者就诊时免收挂号费、诊疗费。

2008 年，青岛市将社区卫生服务纳入医疗保险基金支付范围，将门诊大病纳入社区管理，将健康档案、慢性病管理、体检、健康教育等预防保健和健康管理纳入门诊统筹基金支付范围。通过开展社区糖尿病的监控管理以及健康教育，降低参保人糖尿病发病率，稳定和改善糖尿

病患者病情。

2016年，三明市将签约服务费用纳入医疗保险基金支付范围，个性化付费签约服务费，由签约居民付费、基本公共卫生服务项目经费和医疗保险基金分担。固定付费签约、个性化服务包内容和收费标准，以及个人付费、基本公共卫生服务项目经费和医疗保险基金分担的比例，均由各县(市、区)医改领导小组确定。有条件的地方也可以由地方财政安排部分专项资金补助。针对个性化付费签约，市级医疗保险基金暂按参保的上述重点人群，以年人均30元的标准定额补给各县(市、区)统筹安排，尤溪县、将乐县的定额补助从县级总包干的医疗保险基金中解决。原则上，医疗保险基金分担的比例应不高于每个服务包签约服务收费标准的50%，且每个服务包总分担额不超过100元。

三、完善以健康结果为重点的服务提供模式，辅助医疗保险向健康保险转型

医疗保险向健康保险的转型，除了离不开医疗保险体系本身的改革，还离不开卫生服务体系内其他的配套举措，这是医疗保险向健康保险转型能够成功的重要保障。

(一)提高医务人员健康服务积极性

深圳市罗湖区通过完善综合激励政策，将优秀医生留在基层，提升居民对社康中心的信任度。同时，加强全科人才培养。目前，深圳全市三级公立综合医院都指定或设立相应机构，承担全科医学教育和技术指导等任务；罗湖区等各区均依托社康中心建设全科医学服务示范和培训基地。完善全科医生激励机制。罗湖区提高全科医生薪酬，达到或者超过同年资专科医生的水平，吸引优质医疗资源下沉。2015年9

月至2016年2月，罗湖区人民医院、区中医院、区妇幼保健院在编职工收入增幅分别为22.26%、17.45%、24.62%，非在编职工收入增幅分别为14.67%、22.12%、34.22%；社康中心员工待遇平均增长74%，基层医务人员的收入与积极性得到明显提升。

改革后，罗湖区全科医生数量明显增加，全科医生从2015年的156名增加到2016年4月的272名，达到平均每万名居民拥有2.14名全科医生。基层医疗卫生机构诊疗量快速增长，全区社康中心签约服务覆盖面不断扩大，截至2016年4月底，签约人数近24万人，比2015年底增长了170%。

三明市通过建立医生定期驻乡驻村制度，将医生下基层服务的时间和效果与收入挂钩，提高医生下乡入村的积极性。三明市发挥市级三级医院的专家团队优势，建立市、县、乡、村四级由上至下的医疗卫生技术服务网络。医生可在医联体内部进行多点执业，一般诊疗费按照下级医疗机构标准收取，差额部分由医疗保险基金予以补足。

(二)优化居民健康服务利用

深圳市罗湖区通过借助医院集团力量，增强社康中心家庭医生签约服务对百姓的吸引力。第一，强化社康中心的统一管理。由罗湖医院集团统一管理区属公立社康中心、市属及驻区医院社康中心、社会办社康中心。第二，完善社康中心药品目录。社康中心的药品目录与医院集团的保持一致，由医院集团统一采购、统一配送，集团24小时内调剂配送短缺药品，解决基层医疗卫生机构药品与医院不衔接的问题。第三，形成流畅方便的上下转诊通道。在社康中心与医院集团之间推进预约诊疗，对上转患者实行免挂号费，优先预约专家门诊、优先安排辅助检查、优先安排住院的“一免三优”服务。在构建医疗服务新模式的过程中，彻底改变了只注重服务数量的服务提供模式，避免了重复检查和过度医疗；裁减行政人员和降低管理成本，提高了集团运转效率，将签约服务落在实处，建立了较为有序的就医秩序，体现了以健康结果为重点的服务提供模式。

三明市对签约与非签约居民实施医疗保险差别化支付机制，引导居民形成以家庭医生首诊为基础的有序就医格局。第一，开展慢性病用药长处方和延续上级医院处方。对于服务依从性好、病情较稳定的慢性病签约居民，家庭医生可一次性开具1～2个月药量，并在居民服药后进行随访，在保证医疗安全与效果的基础上，减少签约居民往返医疗机构次数；家庭医生可延长上级医院专科医生对上转签约居民开具处方的时间，满足其针对性用药需求。第二，签约居民经县级或其上级医院住院治疗后，转回到签约的基层医疗卫生机构继续进行康复治疗时，取消医疗保险报销在基层的起付线；符合基本医疗保险家庭病床管理条件的签约居民，可开设家庭病床并纳入统筹基金报销。第三，充分发挥医疗保险基金的支持作用，各县(市、区)可以适当提高签约居民的报销比例，实行连续计算起付线的措施；在实行县级总医院医疗保险基金总额付费的地方，可将结余资金视情况用于奖励家庭医生签约服务。

(三)以健康为导向的信息化建设

在医疗信息化领域具有明显优势的深圳市，罗湖医院集团以满足居民健康需求为导向，与IT企业合作开发居民健康管理系统，包括健康罗湖App、网络药师平台、云社康医生工作室等，并整合健康管理系统至共同云平台，打破信息孤岛，建立连通性，从而实现居民全生命周期的健康信息管理。同时，深圳市卫健委、罗湖区卫生健康局与财政和社保部门都可以随时在云平台上获取数据进行评估、监督和决策。

健康罗湖 App 是一种为居民提供健康和医疗服务的移动应用程序。健康罗湖 App 将罗湖医院集团和家庭医学工作站数十年的数据整理到平台上，居民通过身份证和手机认证，可方便快捷地管理自己及家人的健康档案、诊断和治疗记录及健康相关信息。不仅如此，居民可授权家庭医生团队通过 App 即刻浏览居民健康档案，为慢性病患者进行健康管理、健康宣教、随访管理、转诊、离线咨询、实时互动等，有助于病情分级管理，实现早发现、早预防、早治疗。健康罗湖 App 将医务人员专业管理与居民自我管理进行了完美结合，真正做到了终生记录、持续管理、长期服务。

健康罗湖 App 功能可以概述为记录、管理和服务三块功能。第一是记录（图 8-2）。记录包括医院集团记录的居民就医过程的信息、居民自行记录的健康信息。第二是管理（图 8-3）。管理包括医生专业管理和居民个人自我管理。第三是服务。以往医生在诊室坐诊，居民上门就医，双方的交流常由于就医人数较多而受限，因此影响患者的就医体验。健康罗湖 App 实际上建立了一个移动端的 24 小时医院，居民可以随时、随地与签约医生进行交流和咨询，获得连续性服务体验。

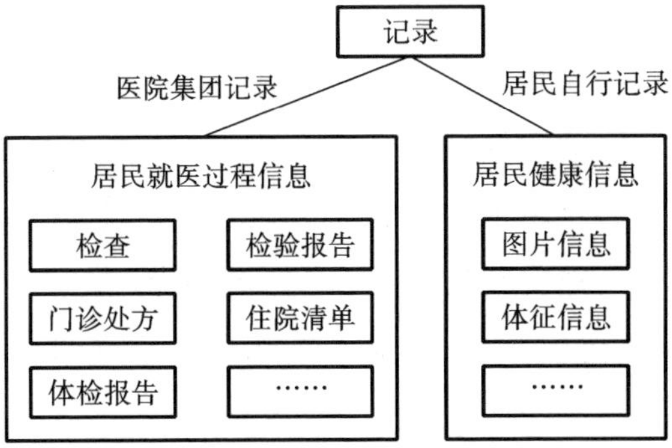

图 8-2　健康罗湖 App 记录功能

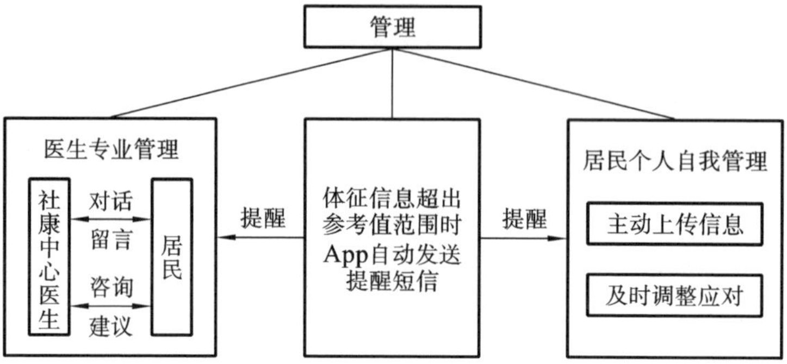

图 8-3 健康罗湖 App 管理功能

罗湖医院集团以网络药师的理念为指导，研发了移动审核药方App，药师可以通过手机App和电脑PC终端，随时、随地开展在线处方审核，1名药师可以负责审核3～4个社康中心的处方，解决了社康中心缺少专业药师的问题，确保了患者用药的安全性。同时，通过手机App（嵌入健康罗湖App中）为辖区居民配置网络药师，药师通过移动客户端为居民提供实时在线的用药咨询和指导，实现合理用药、有效用药的目的，真正提升居民的健康水平。

2016年，深圳市首个智慧药房在罗湖医院集团的东门社康中心上线使用，药品调剂、自动发药等工作均借助信息化技术开展，有效减少了人工调剂差错，增强了药品监管，并将药师从重复单一的药品调配工作中解放出来，实现了专职的临床药师走出医院走进社区，服务于家庭医生签约居民，协助建立社区慢性病（如痴呆、脑卒中）项目。药师真正介入到社区的慢性病服务中心，充分发挥用药咨询和指导的作用，使居民实时共享智能化、全程化、专业化、个性化的药学服务。

第三节 从医疗保险迈向健康保险的展望

一、从医疗保险迈向健康保险的现实环境

(一)健康中国的战略导向

健康中国建设的国家战略,既为医疗保险向健康保险的转型提供了良好的制度环境,也为该转型提供了指导思路。《"健康中国 2030"规划纲要》为推进健康中国建设,提高人民健康水平做出了战略部署。自此,国民健康又上升到了新的高度,成为民族昌盛的重要标志,人民健康被摆在优先发展的战略地位,强调为人民群众提供全方位全周期健康服务。经过长期努力,中国卫生与健康事业发展跨上了崭新台阶,不仅显著提高了人民的健康水平,而且形成了以"健康优先、预防为主、公益主导、公平普惠、共建共享"为主要特点的健康权保障模式。健康中国战略,不仅指明了健康保险体系建设势在必行的方向,更为健康保险体系的构建提供了良好的政治环境,作为健康中国建设的保障制度范畴,健康保险体系的构建兼具必要性与紧迫性。

(二)医疗保险体系的整合

医疗保险体系的整合是建立以公平、效率为特征的健康保险体系的基础。首先,从经办机构层面,国家医疗保障局的成立,实现了多年来医疗保险由多头分治向统一管理的转变,提升了健康保险治理的效率,并提升了健康保险体系在整个健康系统改革中的话语权与功能地位。其次,不同类型医疗保险体系逐步整合,同样提升了医疗保险的经

办效率，并提升了不同医疗保险类型覆盖人群在服务利用、医疗保险受益方面的公平性。

（三）医疗体制的改革

医疗体制的改革，能为健康保险体系的建设提供物质基础，尤其是实现了“三医”联动，这是医疗保险迈向健康保险的重要前提。要构建一个高效的以人为本的卫生系统，离不开医疗体系服务能力的增强，离不开药品质量的提高；要确保居民利用医疗服务时“可负担”，离不开药品价格的控制与医疗保险体系的合理偿付力度。全民健康覆盖的每一要素中，医疗、医药、医疗保险都不是独立存在的，要整合这些要素，必须依靠医疗、医药、医疗保险共同发力，互相配合。当前国内已经展开了医疗保险支付体系与服务供给体系的整合，例如县域医共体的构建，便为促使医疗保险供方主动维护健康意识的形成，提供了重要基础。分级诊疗体系的构建，也在一定程度上提升了健康保险基金的使用效率。同时，医疗体系也逐步与健康管理体系融合，基本医疗服务与基本公共卫生服务有了更深入的融合，医防融合式服务也逐步被认可为未来的主要健康服务供给模式，这也为医疗保险向健康保险的转型创造了条件。

（四）健康产业的发展

健康产业的发展与健康保险体系的建立相辅相成。医疗保险集中购买服务时，会产生价格信号，引导医疗服务资源配置，并进一步引导健康产业的发展。在这一机制下，政府决策主要着眼于“公平”，采用宏观的、间接的调控措施，而不必再干预微观主体的行为，这符合市场经济的原则。医疗服务机构及健康产业相关的经济主体按照市场原则相互竞争、促进创新、提高效率。当前我国健康产业飞速发展，如实时监控健康状态的佩戴设备、高效安全的信息系统以及健康产业中的高素质人才等，为医疗保险向健康保险转型过程中透明机制的建立，治理效率的提升，以及筹资、补偿与支付的精细化、科学化，提供了重要的技术支撑。

二、从医疗保险迈向健康保险的路径

（一）"健康入万策"的落实

"健康入万策"奠定了医疗保险向健康保险转型的整体基调。"健康入万策"强调以需求为导向，以维护和保障群众健康为根本。在"健康入万策"长效机制的建立过程中，健康保险体系承担着重要的保障和杠杆作用。在医疗保险向健康保险转型过程中，须以维护居民健康为目的，设计健康保险的治理体系、筹资机制、补偿机制和支付机制。

同时，"健康入万策"也强调共建共享，尤其要发挥医生和居民在维护健康方面的主观能动性。通过健康保险支付方式的调整以及医疗机构激励制度的完善，促使医生以维护居民健康为己任，主动提供健康管理服务与更低成本、更高质量的医疗服务。通过居民在健康保险筹资中责任与义务对等的体现以及以价值为导向的健康保险补偿的落实，配合供方合理引导与签约服务的落实，促使居民主动维护自身健康。

（二）"三医"联动机制的完善

要实现医疗保险向健康保险的转型，需要进一步完善"三医"联动机制，为转型提供良好的现实环境。作为调节医疗资源的重要"杠杆"以及联结健康保险部门、医疗机构与患者的重要纽带，健康保险不仅会对患者健康经济负担产生影响，也会对医疗机构、医生的行为产生影响，最终影响整体卫生体系改革的公平性与改革深度，以及健康中国建设的整体进度。

在探索逐步将医疗保险对医疗机构的监管衍生到对医务人员医疗服务行为监督的基础上,优化医疗保险支付方式改革,全面推行以价值为基础的混合式支付方式,将药品耗材等由医院的收入转为成本,促进医疗机构主动规范医疗行为,降低运营成本,规范药品采购方式并降低价格谈判的利益驱动,提升医疗服务供方主动维护患者健康的意识。此外,需要进一步提升统筹层次,不断提高医疗保障水平和保障的公平性。

(三)实现多元供给、供方竞争的医疗保险治理模式

医疗保险的制度安排要求在治理上实现社会化治理模式,形成多元供给、供方竞争,以及平等交易和社会谈判的格局。如果公立医疗机构的改革不能在去行政化上迈出实质性的步伐,那么医疗保险治理模式将有两种走向,一是仍然处于行政部门分割的状态,与公立医疗机构之间形成部门冲突的局面。这是回到国家医疗保障局成立之前的局面。二是取代卫生行政部门,通过价格、药品采购等职能的扩大,掌控公立医疗机构,形成对公立医疗机构的行政化管控。这一走向实际上就是社会医疗保险逐渐转向财政直接供款、直接生产的模式。因此,要实现社会化治理模式,核心和关键点之一是医疗服务供方的去行政化改革。在这方面,医疗保险方作为筹资方应该发挥应有的作用,推动公立医疗机构的去行政化改革,这不仅是医疗保险治理的内在要求,而且是提高医疗资源使用效率及提升公共服务供给效率的内在要求。推动供方的去行政化改革的核心和关键点都在公立医疗机构的改革上。有学者提出,推动医疗保险医师与医疗保险药师制度建设,是实现多元供给、供方竞争的医疗保险治理模式的可操作性途径。

(四)健康保险体系与健康服务体系的进一步整合

首先,健康服务供给体系需要整合,各级医疗机构需要均衡发展。国内医联体/医共体的建设均属于卫生服务体系的整合,只是在整合的过程中,存在紧密与非紧密的问题,由于财产属性等因素,医联体/医共体内的不同层级医疗机构、同一层级不同医疗机构之间的关系存在差异,部分医联体/医共体内依然存在非良性竞争关系,机构之间仍旧只是帮扶关系,难以长期维持,也有部分医联体/医共体真正实现了机构利益共享、风险共担。只有真正转变医联体/医共体内的机构竞争关系,尤其是上下级机构之间的不对等竞争关系,以彼此发展为己任,才能实现真正意义上的机构整合,为医疗保险向健康保险的转型奠定机构基础。

其次,须进一步整合健康保险体系与健康服务体系。将健康保险基金融入医疗机构,转为医疗机构的成本而不是收入,促使公立医院成为成本中心,而非利润中心,刺激医疗机构的成本节约意识,主动控制医疗费用,提升服务合理性。健康保险按人头预付制,是转利润为成本的方式之一,既可以提高公立医院资金支付能力,又可以促使医疗机构主动节约成本。总额预付需要注重科学性,精确测算医疗机构服务数量、服务质量,既要确保医疗机构能够运营,又要确保预付金额不会超太多。同时,仅仅依靠总额预付,还不足以在短期内改变医生行为,还需配合按病种付费、按人头付费等多种住院和门诊支付方式,规范医生服务行为,提升服务质量。

(五)完善健康服务能力建设

各地改革实践中基层能力不足的问题突出,需进一步完善基层能力建设。

虽然国内正力推医师多点执业，加强信息化建设、远程会诊等，但基层能力的提升尚需一段时间，需要在激发基层医务人员积极性、加强基层硬件设施建设等方面重点推进。阜南县也存在基层能力不足的问题，乡、村两级医疗机构与居民联系更紧密，在健康维护方面能发挥更及时、更直接的作用，但目前的能力水平可能无法提供高质量的健康服务，因此，也会影响医疗保险基金的使用效率，阻碍医疗保险健康维护功能的最大化发挥。因此，要进一步完善基层能力建设，通过县、乡、村一体化服务，县级医疗机构对基层卫生机构的帮扶指导，提升基层服务能力。

同时，存在部分医务人员观念转变不及时的问题，尚未意识到疾病预防、健康管理的重要性，也没有明确患者健康与医务人员自身利益的相关性。因此，应加强对医务人员的培训，增强医务人员对医共体模式的认同，提升医务人员与患者交流互动的能力与健康教育、健康管理能力，加强医务人员道德建设。

（六）完善对健康结果的考核体系

总额预付制下，要在控制医疗费用过快增长的同时保证医疗服务质量，需要医疗保险机构和医疗机构共同努力。医疗保险机构需建立一套完善的医疗服务质量考核体系，将重症患者比例、药品比例、耗材比例、次均医疗费用、出入院诊断符合率、住院率、人头人次比等指标纳入考核体系，由卫生、财政、人社和工会等部门协同合作，从不同方面完成对医疗机构的考核，并将考核结果与质量保证金拨付、医疗机构信用等级评定等挂钩，引导医疗机构进行自我管理、自我变革。

与此同时，医疗机构也需建立一套以保障患者医疗服务质量为核心的考核奖惩体系，根据各科室特点，将考核指标具体到各科室、各月份，定期组织院内自查，对自查结果进行统计、分析、反馈，及时对发现的问题进行整改。完善医共体考核指标，充分考虑患者健康水平的改善，以健康相关指标、患者评分等方式，测评医共体服务质量，并以此为基础，测算结余的合理性，科学设定下一年的预付医疗保险基金。

（七）“互联网＋”与大数据的应用

医疗卫生信息化建设方面，首先，医疗卫生信息化建设应从人们的健康管理需求和医疗机构的管理需求出发，确保研发产品具有可落地性；其次，医疗卫生信息化建设要做好顶层设计，避免重复建设以及彼此不联不通。由市级相关部门牵头，建设全市统一的信息管理系统，并且在方案设计的过程中协调好卫生、民政、教育、公安等部门，充分考虑老年人群、妇女儿童等特殊群体的医疗健康需求，真正建设一个能用、好用、管用的全市统一的网络信息平台。

三、从医疗保险迈向健康保险的关键问题思考

（一）制度整合是否必要？

当前城镇居民基本医疗保险与新型农村合作医疗已经整合为城乡居民基本医疗保险，在很大程度上提升了医疗保险的公平性，为医疗保险向健康保险转型创造了有利条件。下一步是否是与城镇职工基本医疗保险进行整合，实现真正的“三保合一”呢？

医疗保险整合涉及筹资机制、筹资水平和保障水平、基金管理模式和缴费年限的整合。整合的目的是在实现医疗保险全覆盖与保障公平的基础上，提升医疗保险基金的管理和使用效率。从体系的角度，城乡居民基本医疗保险与城镇职工基本医疗保险的整合，可以进一步提升管理效率，但是从目前的体系建设来看，两类医疗保险在各自的管理及

运行机制下，已经能够实现良好的运行。从公平与效率的角度，两类医疗保险的整合也能进一步提升公平性，提升医疗保险基金使用效率。但两类医疗保险整合，短期内势必涉及从管理组织到社会的矛盾，需要耗费大量的资源，也可能引起内生异质性、医疗卫生资源的上浮、逆向再分配、家庭成员间的医疗待遇差距引起的道德风险等问题。

事实上，整合更重要的是突出不同筹资水平下待遇的统一。因此，当务之急应解决不同医疗保险体系待遇间的不公平。医疗风险的冲击对象是家庭而非个人，因此，医疗保险制度整合可以考虑城镇职工基本医疗保险取消个人账户，其资金用以将城镇居民以职工家属身份纳入城镇职工基本医疗保险；医疗保险基金、医疗救助基金和公共卫生基金等各类公共医疗卫生基金整合使用，城镇人口和农村人口的医疗保险待遇统一。

（二）健康保险支付如何实现“健康化”?

医疗保险迈向健康保险，在支付上是实现基于价值的战略性购买。但在短期内，一方面价值如何衡量尚无定论，另一方面，公共卫生服务与医疗服务在服务主体、服务形式与内容、服务经费等方面融合不足，而健康保险基金十分有限，无法覆盖更多的公共卫生服务。因此，在当前的形势下，健康保险支付要实现“健康化”，需首先以支付“重点内容”为主。

(1) 签约服务不仅能对居民健康管理的依从性、自主性起到重要作用，同时能在引导患者合理选择医疗服务、医疗机构方面发挥作用，因此，签约服务可以纳入健康保险支付范围。

(2) 在当前的基本公共卫生服务中，有部分服务属性更偏向于医疗服务，如高血压、糖尿病、精神病、肺结核患者的检查与用药，这部分服务可以优先纳入健康保险支付。

（3）对医防融合式服务的有限覆盖：《关于做好2018年国家基本公共卫生服务项目工作的通知》明确将“稳妥推进基层高血压医防融合试点”和“积极开展基层糖尿病医防融合管理工作”作为年度重点工作。医防融合不仅是对政策的响应，也是提升健康服务效率的关键手段。一站式的医防融合式服务是真正能体现健康服务价值的优质服务，也应作为健康保险支付的重点内容。

总之，健康保险在支付上要从居民健康的角度出发，有效使用统筹基金，激励服务供方提供有利于健康的医防融合式服务，提升基金使用效率，逐步实现基于价值的“健康化”支付。

（三）面向医联体/医共体的医疗保险如何快速转型？

国内医联体/医共体的建设，在服务体系上为医疗保险向健康保险的转型提供了有利条件。尤其是国内“医共体＋区域按人头总额预付”的支付模式，使得健康保险已经初具雏形。但前文也提到，当前“医共体＋区域按人头总额预付”存在结余激励作用不确定的问题。

当结余增加时，究竟是由服务数量的减少和质量降低引起的，还是由居民健康水平提升、医疗服务利用减少引起的？如果是因居民健康水平提升带来的结余增多，如何去考核健康水平？同时，医疗机构在维护居民健康方面的投入如何去测算？这些问题会影响结余的分配以及下一年预付给医共体的医疗保险基金额度。

面对结余的问题，一方面，要建立科学的结余测量与分配机制，通过构建基于价值的结余考核体系，充分评估供方所提供服务的合理性及所创造的健康价值，并以此为依据，激励医疗机构提供更优质的健康服务。另一方面，在进行按人头总额预付时，也需要考虑个体差异，综合评估实际服务质量、健康产出与资源消耗，进行风险调整，形成更为科学的支付方式，提升其激励性。

（四）新技术如何促进健康保险体系的完善？

前文已经对大数据在健康保险治理中的运用进行了阐述。事实上，信息化的发展、大数据的推广，以及新技术的引入，为整个健康保险包含治理、筹资、支付、补偿在内的全套运行体系都提供了重要技术支撑。

（1）借助信息化平台，可以提升医疗保险精细化管理：借助大数据技术的全面统筹和计算分析，能够提高医疗保险精算水平，设计合理、可持续发展的医疗保险筹资机制；在制定对低收入人群、慢性病患者医疗卫生经济保护的政策时，为政策倾斜力度提供数据信息支撑；为异地报销、医疗保险关系转移接续等服务提供共享互通的信息和便利的办事办公渠道，形成跨地区、跨部门的有效管理机制，有节奏、有方向地规范各地的医疗保险管理制度，提高医疗保险统筹层次。

（2）提升资源使用效率：通过医疗机构之间的信息互信互认，推进业务、数据的协同共享，在有限的健康资源下提升资源的使用效率；通过移动穿戴设备的使用与数据实时发送，以及就诊系统与健康体系等系统的融合，促进供方针对性提供医防融合式服务。

（3）提升居民参与程度：通过数据融合创新，打造数据公开、透明的医疗健康信息平台，提供信息查询等支持服务，赋予医疗和医疗保险参与各方获取信息和选择的权利。

（4）保障数据安全：需要注意的是，信息的共享是为了分析测算和提升监管能力，在此过程中，须注重信息安全管理，对健康大数据要进行严格、有序的管理，对于泄露患者健康数据、损害数据安全性的不法行为应予以严惩。公开的数据须经过严格审查，确保在不损害患者利益的情况下才能公开。

参考文献

[1] 李玲．如何让公立医院真正姓“公”？［J］．中国卫生产业，2009(9)：18-20．
[2] 马敬东，张亮．“病有所医”面临的挑战：中国健康保障系统发展的三个失衡[J]．中国卫生经济，2009(4)：5-6．
[3] 王东进．全民医保在健康中国战略中的制度性功能和基础性作用(上)[J]．中国医疗保险，2016(11)：5-8．
[4] 董朝晖．全民医保在健康中国战略中的功能与地位[J]．中国医疗保险，2016(10)：23．
[5] 李浩淼，方鹏骞，高红霞，等．福建省三明市城乡医保整合模式探索[J]．中国卫生经济，2017(11)：16-19．
[6] 陈迎春，常静胼，李浩淼，等．三明市以医保为支点推进“三医”联动模式探讨[J]．中华医院管理杂志，2017(4)：259-262．
[7] 王超群，李珍，刘小青．中国医疗保险制度整合研究[J]．中州学刊，2015(10)：69-73．
[8] 施利群，陈迎春，高红霞，等．安徽省县域医疗服务共同体新农合按人头总额预付制度初探[J]．中华医院管理杂志，2017(7)：489-492．
[9] 陈迎春，李浩淼，高红霞，等．安徽省县域医改模式探讨及成效分析[J]．中华医院管理杂志，2017(7)：481-485．
[10] 常静胼，李浩淼，陈迎春，等．安徽省县域医疗服务共同体运行方式及利益均衡机制分析[J]．中华医院管理杂志，2017(7)：

485-488.

[11] 周显葆. 福建三明 打造紧密型医联体[J]. 中国卫生，2018(1):42.

[12] 宫芳芳,孙喜琢. 医保总额预付制改革的探索与思考[J]. 现代医院管理，2016(3): 40-42.

[13] 李珍. “三保合一”不可忽视的理论陷阱[J]. 中国卫生，2015(9):66-67.

[14] 吴佳男. 罗湖模式:向“以健康为中心”模式转变的范例[J]. 中国医院院长,2017(9): 64-66.

[15] 林汉群. 探索建立以人民健康为核心的医疗卫生服务模式——基于深圳罗湖区公立医院改革的探索[J]. 中国公共政策评论，2017(1): 182-185.

[16] 李珍，黄万丁. 全民基本医保一体化的实现路径分析——基于筹资水平的视角[J]. 经济社会体制比较，2017(6):138-148.

[17] 申曙光，曾望峰. 互联网时代的大数据与医疗保险治理[J]. 社会科学战线，2018(7):224-232.

（李浩淼 陈江芸）